中等职业教育“十三五”规划教材

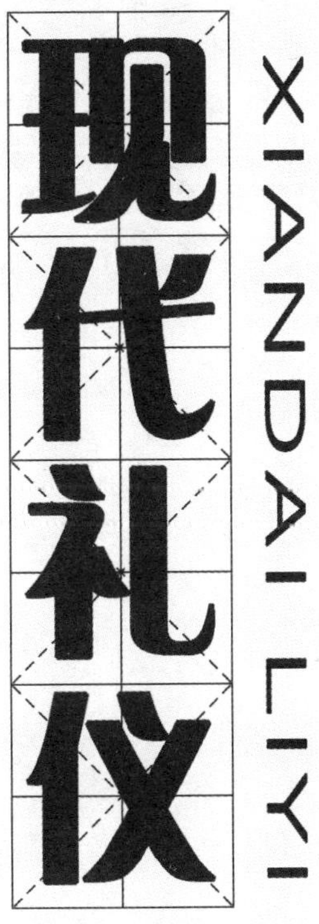

主　编：宋小标　李　姝　张　颖
副主编：陈　劭　王伶俐

中国财富出版社

图书在版编目(CIP)数据

现代礼仪/宋小标，李姝，张颖主编．—北京：中国财富出版社，2019.9

(中等职业教育“十三五”规划教材)

ISBN 978-7-5047-7014-1

Ⅰ.①现… Ⅱ.①宋… ②李… ③张… Ⅲ.①礼仪—基本知识 Ⅳ.①K891.26

中国版本图书馆 CIP 数据核字(2019)第 200228 号

策划编辑 李彩琴 谷秀莉 **责任编辑** 戴海林 栗 源 崔晨芳
责任印刷 尚立业 **责任校对** 孙丽丽 **责任发行** 杨 江

出版发行 中国财富出版社
社　　址 北京市丰台区南四环西路 188 号 5 区 20 楼 **邮政编码** 100070
电　　话 010-52227588 转 2098(发行部) 010-52227588 转 321(总编室)
010-52227588 转 100(读者服务部) 010-52227588 转 305(质检部)
网　　址 http://www.cfpress.com.cn
经　　销 新华书店
印　　刷 武汉市洪林印务有限公司
书　　号 ISBN 978-7-5047-7014-1/K·0227
开　　本 787mm×1092mm 1/16 **版　　次** 2019 年 12 月第 1 版
印　　张 9.25 **印　　次** 2019 年 12 月第 1 次印刷
字　　数 214 千字 **定　　价** 28.00 元

前言 Preface

我国是一个具有优良传统的文明大国，素有“礼仪之邦”的美誉。知礼、懂礼、重礼是我们中华民族的传统美德。在大力提倡社会主义精神文明的今天，礼仪一方面是社会规范和道德规范的组成部分，另一方面也是一种交往形式，是人际交往中不可缺少的润滑剂和纽带。

礼仪教育是素质教育的首要内容，是职业教育中的基础教育。学习礼仪知识不仅有助于改善人们的形象，还有助于提高人们的文明程度。作为中等职业学校的学生，在学习文化课、专业课的基础上，掌握一定的礼仪知识，在社会公众面前显示职业特点，使自己的仪表仪容、言谈举止等与众不同，是非常必要的。因此，为适应中等职业学校学生的素质培养需要，满足社会对职业学校学生的要求，我们按照中等职业教育新的课程改革指导思想，根据职业学校的教学特点编写了《现代礼仪》一书。其目的在于让每一位中等职业学校学生掌握一定的礼仪知识，使之在社交场合中举止得体、应对自如，充分表现正确的待人接物的风度。

本书内容全面、新颖，综合了现代职场中礼仪的各个方面，以礼仪的基本规范和要求为主线，贴近职业学校学生的实际情况和社会主义经济建设对中职人才素质的要求，力求与国际惯例接轨，突出了实用性、可操作性与通俗性。

由于编者能力和时间有限，缺漏在所难免，希望广大师生不吝指正。

编者

2019 年 7 月

目录 Contents

模块一 礼仪概述

学习目标

- 了解礼仪的内涵和中华礼仪的发展
- 熟悉礼仪的特点和基本原则
- 明确礼仪的社会功能
- 加强礼仪修养

案例导入

传统美德 源远流长

孔融四岁就知道让梨，这种谦虚礼让的美德受到人们的称颂。后来，孔融步入仕途，虽位高权重，但仍保持这一美德。据记载，孔融在北海做官时，有一次被敌兵围困在城中。危急之时，忽见城外一人挺枪跃马，杀入敌阵，突出重围，前来拜见孔融，说道："某东莱黄县人也，复姓太史，名慈，字子义，老母重蒙恩顾。某昨自辽东回家省亲，得知贼寇犯城，老母说：'屡受府君深恩，汝当往救。'故单马而来。"原来，太史慈的母亲住在城外，孔融听说老人孤独无靠，常派人送去粟、帛之类，逢年过节，还亲自前去探望。老人深受感动，才命太史慈赶来救援。孔融为官数十年，尊友敬邻，尊老爱幼，"座上客常满"，深得民心。

点评：我国素有"礼仪之邦"的美称，历朝历代流传下来许多蕴含礼仪之道的成语和谚语，如"己所不欲，勿施于人""礼尚往来"等，都是我们今天在人际交往中应该借鉴、继承和发扬的美德。

任务一 礼仪的内涵与发展

人无礼则不生，事无礼则不成，国无礼则不宁。——《荀子》

当下，全球经济的一体化和信息共享的网络化，让人类进入一个无限伸展又不断压缩的空间。在这个数十亿人共同工作和生活的大千世界，国家、地区之间的沟通日益频繁和密切，礼仪文化的作用日益重要。

一、礼仪的概念

何谓礼仪？徐灏在《说文解字注笺》中说："礼之名，起于事神。"《说文解字・示部》将其解释为"履也，所以事神致福也"。因为与礼相关的活动都有一定的规矩，所以礼节、仪式的概念应运而生。

"礼"字的演变

在西方，"礼仪"一词最早源于法语中的单词"etiquette"，原意是在法庭上使用的一种长方形的纸板，纸板上标明人们进入法庭必须遵守的规矩和行为规范，即"法庭通行证"。后来"礼仪"一词被引入英文，意义引申为人与人之间交往的通行证。西方各国都非常重视礼仪，认为礼仪是一个人通向文明社会和主流文化的通行证，也是人们和谐相处的通行证。它有三层含义：一是谦虚有礼的行为(语言和举动)；二是教养、规矩、礼节；三是仪式、典礼、习俗等。

从概念上讲，礼仪是人们在社会交往中，用于美化自身、敬重他人而约定俗成的行为规范。它包括礼节、礼貌、仪表、仪式、礼俗等几种具体表现形式。

礼节是约定俗成的各种行为规范的总和，是社会文明的组成部分，具有严格的礼仪性质。它反映了一定的道德原则和对人对己的尊重，是人的心灵美的外化。在阶级社会，不同阶级在利益上存在冲突，当时的礼节带有明显的阶级性质。而在当代社会，礼节体现出人与人的平等相处、相互尊重和相互关心。不同国家、不同地区、不同民族的人在各自生存发展的文化环境中形成了不同的价值观、世界观和风俗习惯，其礼节从形式到内容也不尽相同。

礼貌是人们在社会交往过程中良好的言谈行为。古希腊著名哲学家赫拉克利特指出，"礼貌是有教养的人的第二个太阳"。由此可见，有道德、有品质、有修养的人必然具有友善的言谈、得体的行为。礼貌是人类内在素养最直接的体现，也是人类言行文明最基本的准则。在讲究文明的当代社会，尊重他人、态度亲切、举止得当、言谈恰当，应成为人们日常的言行规范。

仪表、仪式也是礼仪的具体表现形式。仪表即人的外表，包括仪容、服饰、体态等。仪表美既是对他人的一种尊重，也是自尊、自爱、自重的一种表现；仪表美既来自高尚的道德品质，也与人的崇高精神境界融为一体，是一个人外在美和内在美的和谐统一。

仪式即行礼的具体过程或程序，是较正规、隆重的礼仪形式。人们在社会交往或组织、开展各项专题活动的过程中，常常要举办各种各样的仪式，以体现出对某人或某事的重视或者纪念。但随着时代的发展和审美观念的变化，仪式也日趋精练和简化。

礼俗即民俗礼仪，指各种风俗习惯，是礼仪的一种特殊形式。礼俗是在历史中形成的，普及于社会和群体并根植于人们心中，在一定的环境中重复出现的行为方式。不同国家、地区、民族在长期的社会实践中形成了各具特色的风俗习惯。所谓“十里不同风，百里不同俗”，每一个民族、地区，甚至一个小小的村落都可能形成自己的礼俗。

礼节、礼貌、仪表、仪式和礼俗之间既各有侧重又相互联系。对人类而言，礼仪具有较强的约束力，是一张行走世界的“通行证”。正如《西方礼仪集萃》中伊丽莎白·波斯特所述：“表面上礼仪有无数的清规戒律，但其根本目的却在于使世界成为一个充满生活乐趣的地方，使人变得平易近人。”

二、中华礼仪的渊源与传统

古人云：“中国有礼仪之大，故称夏；有服章之美，谓之华。”古代华夏正是以丰富的礼仪文化而受到周边其他民族的赞誉。

中华礼仪的起源

关于中华礼仪的起源，归纳起来，大体有三种说法：

1. 礼仪起源于祭祀

东汉许慎的《说文解字·示部》对“礼”字的解释是“履也，所以事神致福也。从示从豊(lǐ)”，意思是实践约定的事情，用来给神灵看，以求得赐福。“礼”字是会意字，“示”指神，从中可以分析出“礼”与古代祭祀神灵的仪式有关。

2. 礼仪是为表达自身感情而存在的

在没有礼仪的时候，人们祭祀天地根本无法表达心中的敬畏，于是后来就出现了礼仪，如同语言一般，它产生于人们的需要，后来被拓展为向长辈行礼以表达自己的敬意。因此，存有敬意的施礼才是真正的礼。

3. 礼仪起源于风俗习惯

人是离不开社会和群体的，人与人在长期的交往活动中渐渐地形成了一些约定俗成的习惯，久而久之，这些习惯成了人与人交际的规范，当这些规范以文字的形式被记录下来并被人们自觉地遵守后，就逐渐成了人们交际交往的固定礼仪。

从礼仪的起源可以看出，礼仪是人们在社会活动中，为了维护稳定的秩序，为了保持交际的和谐应运而生的。直到今天，礼仪依然体现着这种本质特点与独特功能。

1. 中华礼仪源远流长

中华礼仪在其传承沿袭的过程中不断发生变革。从历史发展的角度来看，其演变过程可以分六个阶段。

(1)礼仪的起源时期：夏朝以前(公元前 21 世纪前)

在原始社会中、晚期(约旧石器时期)，就出现了早期礼仪的萌芽。古代尧舜时期，已经有了最早的礼仪规范，即“五礼”。

中国古代的“五礼”之说

“五礼”，即“吉礼”“嘉礼”“宾礼”“军礼”“凶礼”。

吉礼，居“五礼”之首，它主要是对天神、地祇、人鬼的祭祀典礼。

嘉礼是庆贺之礼，一般用于喜庆活动，以及亲近人际关系、联络感情。

宾礼是接待宾客之礼，一般用于邦国间的外交往来。

军礼是师旅操演、征伐之礼，一般用于召集和整顿军队。

凶礼是吊孝的一种礼仪，一般用于凭吊家国忧患的活动。

“五礼”的内容相当广泛，从反映人与天、地、鬼神关系的祭祀之礼，到体现人际关系的家族、亲友、君臣之间的交际之礼；从表现人生历程的冠、婚、丧、葬之礼，到人与人之间在喜庆、灾祸、丧葬时的庆祝、慰问、凭吊之礼，充分反映了古代中华民族的尚礼精神。

(2)礼仪的形成时期：夏、商、西周三代(约公元前 2070—公元前 771 年)

尧舜时期制定的礼仪，经过夏、商、西周这三个奴隶制王朝 1000 余年的总结、推广而日趋完善。西周前期历经武王、成王两个君主，重新“兴正礼乐，度制于是改，而民和睦，颂声兴”。周公在朝廷设置礼官，专门掌管天下礼仪，把当时的礼仪制度推向了较为完备的阶段。在这个阶段，中国第一次形成了比较完整的国家礼仪制度。

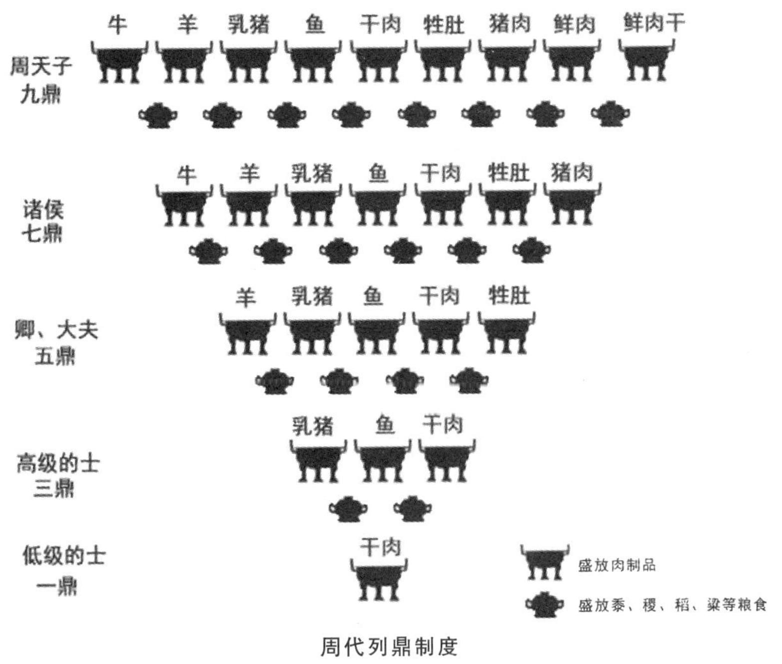

周代列鼎制度

(3)礼仪的变革时期：春秋战国时期(公元前770—公元前221年)

这一时期，学术界形成了百家争鸣的局面，其中以孔子、孟子、荀子为代表的儒家对礼仪进行了研究和发展，对礼仪的起源、本质和功能进行了系统阐述，第一次在理论上全面而深刻地论述了社会等级秩序的划分及其意义。

孔子对“礼”的研究

孔子(公元前551—公元前479年)是中国古代的思想家、教育家。他首开私人讲学之风，打破贵族垄断教育的局面。他修《诗》《书》，定《礼》《乐》，赞《周易》，撰《春秋》，为历史文化的整理和保存做出了重要贡献。他编订的《仪礼》，详细记录了战国以前贵族生活的各种礼节仪式。《仪礼》与相传周公所著的《周礼》和孔门后学编的《礼记》，合称“三礼”，是中国古代最早、最重要的礼仪著作。在汉代以后的两千多年中，它们一直是国家制定礼仪制度的依据，因此被称为“礼经”。

孔子认为，“不学礼，无以立”(《论语·季氏篇第十六》)，“质胜文则野，文胜质则史。文质彬彬，然后君子”(《论语·雍也篇第六》)。他要求人们用道德规范约束自己的行为，要做到“非礼勿视，非礼勿听，非礼勿言，非礼勿动”(《论语·颜渊第十二》)。他倡导“仁者爱人”，强调人与人之间要有同情心，要互相关心，彼此尊重。

总之，孔子较系统地阐述了礼及礼仪的本质与功能，把礼仪在理论上提升到一个新的高度。

(4)礼仪的强化时期：秦汉到清末(公元前221—公元1911年)

秦始皇吞并六国，建立了中国历史上第一个统一的封建王朝，成为后来延续2000多年的中国封建体制的基础，汉代、唐代、宋代、明代的礼仪研究硕果累累，特别是宋代家庭礼仪的发展，促进明代交友礼仪的完善，忠、孝、节、义等礼仪日趋繁多。这一时期的礼仪构成中华传统礼仪的主体。

(5)近代礼仪的发展

辛亥革命的胜利，结束了中国2000多年的封建专制制度，新的礼仪随之出现。这一时期的礼仪体现了近代自由、平等的原则。资产阶级的平等思想、文化习俗和审美观点开始渗透到社会生活的各个方面，冲击了陈旧、落后的封建意识和等级观念，对现代中国礼仪产生了重大影响。

(6)现代礼仪的发展

中华人民共和国成立后，以平等相处、友好往来、相互帮助、团结友爱为主要原则的具有中国特色的新型社会关系和人际关系逐渐确立。改革开放以来，中国与世界的交往日趋频繁，西方一些先进的礼仪、礼节陆续传入中国，同中国的传统礼仪一起融入社会生活的各个方面，构成了社会主义礼仪的基本框架。

通过透视“礼”的历史演变发现，“礼”不但是统治者权力的中心支柱，而且在几千年的历史发展中形成了具有广泛社会性与强大号召力的优良道德规范，形成了人际交往的礼节、礼貌及社会生活准则，成了中华民族拥有的一笔宝贵精神财富。

2. 中华礼仪守望传承

中华民族在悠悠数千年的历史长河中，创造、积累了丰富的传统礼仪文化，它是当代中华民族礼仪文化的基础。

(1)尊老敬贤

中国自原始社会到封建社会，人际的政治伦理关系均以民族、家庭的血缘关系为纽带，因此人们在家庭里遵从祖上，在社会上尊敬长辈。因为中国古代社会推崇礼治和仁政，所以敬贤已成为一种历史传统。孟子说：“养老尊贤，俊杰在位，则有庆。”(《孟子·告子下》)这种传统礼仪，对于形成温情脉脉的人际关系，以及有序和谐的伦理关系，不管在过去还是现代，一直都起着重要作用。

(2)仪尚适宜

中华民族素来注重通过适当的形式，表达内心丰富的情感。遇到重大节日和重要事件，多有约定俗成的仪矩。如获得丰收，要欢歌庆贺；遭到灾祸，要祈求神灵保佑。久而久之，就形成许多节庆及礼仪形式，如春节、元宵节、中秋节、重阳节等，几乎每个节日都有特定的礼俗。在古代，婚、丧和节庆活动是社会生活中的大事，其礼仪规定也格外详尽而周密，从服饰、器皿到规格、程序和举止的方位，都有具体的规定。今天，我们要继承和发扬中华民族的礼仪文明，最重要的就是贵在适宜。即如二程(程颢和程颐)所主张的“奢自文生，文过则为奢，不足则为俭”(《二程集》程氏外书卷六)。因此我们要把握好各种仪式的规模，掌握适度的原则，使必要的仪矩同现代文明相结合。

韩熙载夜宴图(局部)

(3)礼貌待人

任何一个文明社会都十分注重文明礼貌。因为礼貌是人类促进人际交往、保持社会和谐的道德规范之一，是与他人和睦相处的桥梁。它标志着一个社会的文明程度，反映了一个民族的精神面貌。中华民族历来就非常重视遵循礼规，礼貌待人。具体来说，主要有以下两点。

①与人为善。与人相处，为善当先。而这个“善”，应是出自内心的诚意，是诚于中而形于外。《礼记·典礼上》说：“夫礼者，自卑而尊人。”

古人揖礼

②礼尚往来。礼尚往来是礼貌待人的一条重要准则。就是说，接受别人的好意，必须报以同样的礼数。这样，人际交往才能在一种良性循环中持续下去。孔子说，“以德报德，则民有所劝”“以怨报德，则刑戮之民也”(《礼记·表记》)。可见，以德报德，有恩必报，

是待人接物的基本道德修养。

(4)容仪有整

一个人的仪表、仪态，是其修养、文明程度的表现。古人认为，举止庄重，进退有礼，执事谨敬，文质彬彬，不仅能够体现个人的尊严，还有助于进德修业。古人对仪表的要求，未免过于烦琐。其中最重要的有如下三个方面。

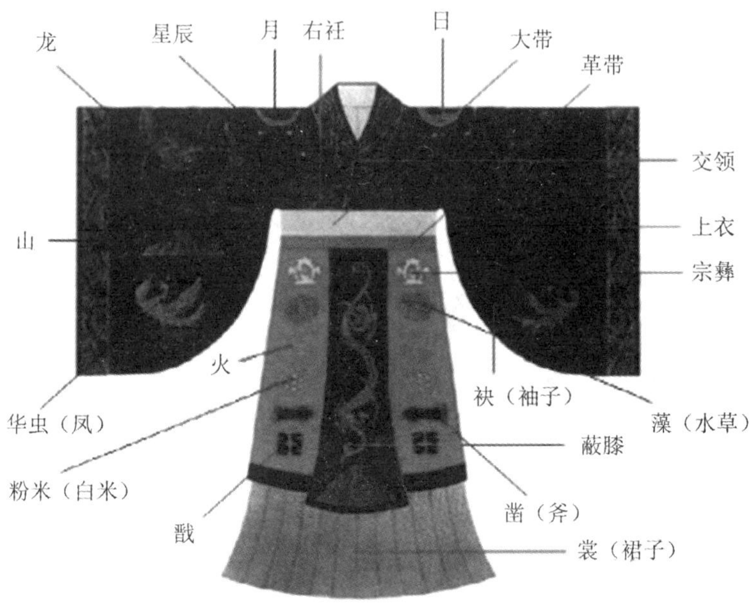

汉代冕服

①衣着容貌。《弟子规》中提到："冠必正，纽必结，袜与履，俱紧切。"这些规范对现代人来说，仍是必要的。帽正纽结，鞋袜紧切，是对仪表的基本要求。当然，一个人的衣着打扮，必须适合自己的职业、年龄、所处的环境。

②行为举止。孔子说："君子不重则不威，学则不固。"(《论语·学而》)这是因为，只有庄重才有威严。具体来说，即在公众场合举止不可轻浮，应该庄重、谨慎而又从容，做到"非礼勿视，非礼勿听，非礼勿言，非礼勿动"(《论语·颜渊第十二》)，处处合乎礼仪规范。

③言语辞令。语言是人们思想、情操和文化修养的体现。古人所谓的"修辞立其诚，所以居业也"(《周易·乾·文言》)，是将诚恳的言辞看成立业的根基，要"言必信，行必果"(《论语·子路》)。

任务二　现代礼仪的特点和基本原则

传统礼仪文明对我国社会历史发展产生过积极影响，在今天社会主义精神文明建设中，我们应吸收民族文化中的精华，重建一套现代文明礼仪。那么，现代礼仪具备怎样的特点？现代礼仪的基本原则又体现在哪些方面？

一、现代礼仪的特点

1. 规范性

礼仪，就是人们在交际场合待人接物时必须遵守的行为规范。这种规范不仅约束着人们在一切交际场合的言谈话语、行为举止，也是人们在交际场合必须采用的一种“通用语言”，是衡量自己、判断他人是否自律、敬人的一种尺度。

酒店老板与无赖

一个人走进饭店要了酒菜，吃罢摸摸口袋发现忘了带钱，便对店老板说：“店家，今日忘了带钱，改日送来。”店老板连声说“不碍事，不碍事”，并恭敬地把他送出了门。

这个过程被一个无赖看到了，他也进饭店要了酒菜，吃完后摸了一下口袋，对店老板说：“店家，今日忘了带钱，改日送来。”

谁知店老板脸色一变，揪住他，非要剥下他衣服不可。无赖不服，说：“为什么刚才那人可以赊账，我就不行？”

店家说：“人家吃菜，筷子在桌子上找齐，喝酒一盅盅地筛，斯斯文文，吃罢掏出手绢揩嘴，是个有德行的人，岂能赖我几个钱。你呢？筷子往胸前找齐，狼吞虎咽，吃上瘾来，脚踏上条凳，端起酒壶直往嘴里灌，吃罢用袖子抹嘴，分明是个居无定室、食无定餐的无赖之徒，我岂能饶你！”

一席话说得无赖哑口无言，只得留下外衣，狼狈而去。

2. 共通性

无论是交际礼仪、商务礼仪还是公关礼仪，都是人们在社会交往过程中形成并得到认可的行为规范。我们今天生活的世界可谓千姿百态，但是，许多礼仪都是世界通用的。例如，问候、礼貌用语、各种庆典仪式、签字仪式等，大体上是世界通用的。虽然各国家、各地区、各民族形成了许多特有的风俗习惯，但就礼仪的内涵和作用来说，仍具有共通性。正是由于礼仪的共通性，才形成了国际交往礼仪。

【礼仪小故事】

希尔顿酒店的“微笑服务”

1907 年圣诞节，经济大恐慌笼罩着美国，20 岁的康拉德·希尔顿在美国圣安东尼奥市一间堆满杂货的土坯房里开办了一个家庭式旅馆庆祝自己的生日。正是在那一天，他对母亲说：“我要集资 100 万美元，盖一座以我名字命名的新旅馆。”又指着报纸上一大堆地名说：“我要在这些地方都建起旅馆，一年开一家。”

当时，这些话听起来简直是痴人说梦，也给人一种不可思议的感觉。希尔顿，如今是美国旅馆业巨头，人称“旅店帝王”。我们现在所熟知的希尔顿酒店集团正是由那家简陋的家庭式旅馆发展起来的！1919 年，他创建了第一家真正意义上的“希尔顿酒店”。

短短数十年，希尔顿的资产从几千美元奇迹般地增值到几千万美元。当他欣喜而自豪地将这一成就告诉母亲时，他的母亲却淡然地说：“你要想出一种简单、容易、不花本钱而行之久远的办法去吸引顾客，这样你的酒店才有前途。”为了找到一种具备母亲所说的“简单、容易、不花本钱、行之久远”这四大条件的办法，希尔顿来到各大商店、酒店，以普通客人的身份去感受，终于找到了母亲所说的那种办法——微笑服务！希尔顿要求每个员工不论如何辛苦，都要对顾客投以微笑，即使在经济萧条，各行各业受到重创的时期，他依旧时常提醒员工记住：“万万不可把我们心里的愁云摆在脸上，无论酒店本身遭受什么困难，希尔顿酒店服务员脸上的微笑永远是属于旅客的阳光。”

如今希尔顿的“旅店帝国”已扩展到全世界，资产达数十亿美元。其最重要的原因便是希尔顿深刻地意识到员工文明礼仪的重要性，因此在希尔顿酒店内，员工永远都保持微笑，微笑成了希尔顿酒店在全世界通用的语言。

3. 多样性

世界是丰富多彩的，而礼仪也是五花八门、绚烂多姿的。世界各地的民俗礼仪各种各样，没有人能说清楚世界上到底有多少种礼仪形式。从语言表达的到文字使用的，从举止礼仪到规范礼仪，从服饰礼仪到仪表礼仪，从风俗礼仪到宗教礼仪等，在不同的国家、不同的场合，礼仪的表达方式也不尽相同。比如，在常见的国际交往中，仅见面礼节就有握手、点头、亲吻、鞠躬、合十、拱手、脱帽等，多种多样，纷繁复杂。

不仅如此，有些礼仪形式所表达的内容，在不同国家或地区可能就截然相反，甚至在一个国家的不同地区也可能有不同的含义。

4. 沿习性

礼仪的沿习性，是指礼仪形成本身是一个动态发展的过程，是在风俗和传统文化中形成的行为规范。礼仪一旦形成，就具有相对独立性。今天的礼仪形式就是从昨天的历史中继承下来的，有不少传统礼仪还要继续传承下去。因此现代礼仪的沿袭和继承是个不断扬弃的过程。

中国古代的“九宾之礼”

“九宾之礼”是我国古代最隆重的礼节，原是周朝天子专门用来接待天下诸侯的重典。周朝有八百个诸侯国，周天子按其亲疏，分别赐给各诸侯不同的爵位，爵位分公、侯、伯、子、男五等，各诸侯国内的官职又分为三等：卿、大夫、士，诸侯国国君则自称为“孤”。这“公、侯、伯、子、男、孤、卿、大夫、士”合起来称为“九仪”或称“九宾”。周天子朝会“九宾”时所用的礼节，就叫“九宾之礼”。

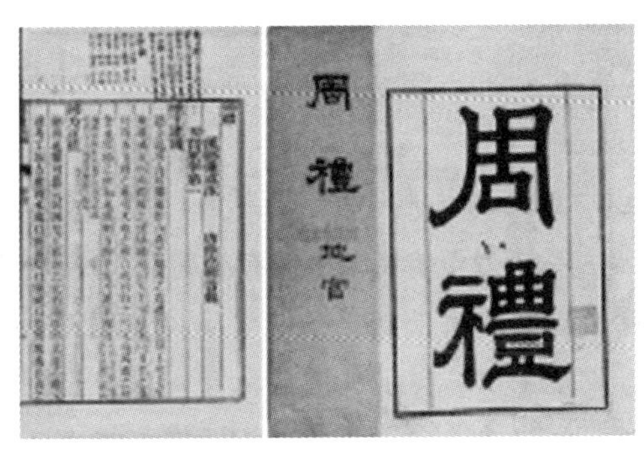

《周礼》

“九宾之礼”是很隆重的，行礼时先是从殿内向外依次排列九位礼仪官员，迎接宾客时他们高声呼唤，上下相传，声势威严。按古礼，“九宾之礼”只有周天子才能用，但到了战国时代，周王室衰微，诸侯称霸，“九宾之礼”也为诸侯所用，演变为诸侯国国君接见外来使节的一种最高外交礼仪。《史记·廉颇蔺相如列传》中的“设九宾之礼”就是指这一礼节。

二、现代礼仪的基本原则

虽然礼仪形式千差万别，但都有普遍性、共通性、指导性的规律可循，这就是礼仪的原则。探讨礼仪的基本原则，有助于规范现代礼仪，增强人们对礼仪的认识，进而加强礼仪在社会活动中的指导作用。

1. 平等互敬

平等是礼仪交往的基础。心理学研究发现，人都有与人友爱相处和受人尊敬的需要，人们渴望平等地同他人进行沟通。与人交往时，只有表现出平等的姿态，给人以充分的尊重，才能产生愉悦、满足的心境，出现和谐的人际关系。

互敬包括自尊和敬人两个方面。自尊就是在交际场合维护自己的人格。敬人就是不仅要尊敬交往对象还要真心诚意地接受对方，重视对方并恰到好处地赞美对方，这就是敬人的“3A”[Action(行为)、Attitude(态度)、Ability(能力)]理论。英国作家约翰·高尔斯华绥说：“尊敬别人，就是尊敬自己。”

【礼仪小故事】

互相尊重是最基本的礼仪

一位外国教授正在给一群留学生上礼仪课，学生们来自不同的国家，听得都很认真。

“礼仪就是从细小的地方开始做起，比如说我刚才走进教室的时候，轻轻地敲了门。”教授说道。

教授告诉他的学生：“敲门是有讲究的：敲一声，代表试探；敲两声，代表等待对方应答；敲三声，代表询问。而在现实生活中，有八成以上的人都不知道如何敲门。”

接着，教授在课堂上做了一次互动。一个学生扮演餐厅的服务员，送外卖到教授家。“服务员”咚咚咚地敲了三下门，进门后把外卖轻轻地放在桌子上。教授当场指出了“服务员”的问题：敲门声太重，没有表明自己的身份，也没自带一次性鞋套套住鞋子，弄脏了主人家的地板……于是，那名学生按照教授的指点又表演了一次。

可完成后，那名学生仍站在讲台上看着教授。教授提醒他可以回到座位上了。这时，他认真地对教授说：“老师，如果有人给我送外卖，我不会让他换鞋，我宁可自己再拖一次地板，以免伤害那个人的自尊心。还有，对方离开的时候，我会真诚地对他说一声‘谢谢’。”

教授愣了一会儿，继而真诚地说了一句：“你说得对，谢谢你。”

这时讲台下响起了热烈的掌声。

2. 严于律己，宽以待人

“严于律己，宽以待人”是中华民族传统文化特别强调的美德。律己严则身正，待人宽则彼悦。律己就是严格按照一定的道德标准和社交礼节规范自己的言行，这是礼仪的基础和出发点。学习、应用礼仪，最重要的就是要自我要求、自我约束、自我对照、自我反省、自我检查。

对于他人的非原则性错误，应该豁达大度，有气量，不计较，不追究；对于原则性的错误，则要通过合理的方式方法去处理。这不仅是一种胸襟，更是一种接纳意识和自控能力。

“六尺巷”的来历

清康熙年间，张英担任文华殿大学士兼礼部尚书。他在老家安徽桐城的官邸与吴家为邻，两家院落之间有条巷子，供双方出入使用。后来吴家要建新房，想占用这条巷子，张家人不同意。双方争执不下，将官司打到当地县衙。县官考虑到两家人都是名门望族，不敢轻易裁断。

安徽桐城“六尺巷”

这时，张家人一气之下写了封加急信送给张英，要求他出面解决。张英看了信后，在给家里的回信中写了四句话：“千里来书只为墙，让他三尺又何妨？万里长城今犹在，不见当年秦始皇。”家人阅罢，明白其中含义，于是主动让出三尺空地。吴家见状，深受感动，也主动让出三尺空地。

“六尺巷”由此得名，这段故事也被后人传颂至今。

3. 诚实守信

孔子说："民无信不立。"(《论语·颜渊》)"与朋友交，言而有信。"(《孔子·学而》)诚实守信是现代礼仪的基本准则，人与人相处，其自身的思想、观点、意愿能否为对方所接受，往往与自身的信用程度成正比。

守信的宋濂

宋濂小时候喜欢读书，但是家里很穷，也没钱买书，只好向人家借书，每次借书，他都和对方讲好期限，按时还书，从不违约，因此人们都乐意把书借给他。

一次，他借到一本书，越读越爱不释手，便决定把它抄下来。可是还书的期限快到了，他只好连夜抄书。时值隆冬腊月，滴水成冰。他母亲说："孩子，都半夜了，这么冷，天亮再抄吧。人家又不是等这书看。"宋濂说，不管人家等不等这本书看，到期限就要还，这是信用问题，也是尊重别人的表现。如果说话做事不讲信用，失信于人，怎么可能得到别人的尊重。

又一次，宋濂要去远方向一位著名学者请教问题，并约好见面日期，谁知出发那天下起鹅毛大雪。当宋濂挑起行李准备上路时，母亲惊讶地说："这样的天气怎么能出远门呀？再说，老师那里早已大雪封山了。你这一件旧棉袄，也抵御不住深山的严寒啊!"宋濂说："娘，今天不出发就会错过拜访的日子，这就失约了，失约就是对老师不尊重啊。风雪再大，我都得上路。"

当宋濂到达老师家里时，老师感动地称赞道："年轻人，守信好学，将来必有出息!"

4. 入乡随俗

礼源于俗，礼与俗有着密不可分的关系。《礼记·曲礼上》中说："入竟而问禁，入国而问俗，入门而问讳。"这是社会交往的原则。由于地域、民族、文化背景的不同，不同地方的礼仪习俗也有很大的差异。因此，行礼者要入乡随俗，掌握这一原则，有助于交往的融洽和交际活动的开展。

苏子容入乡随俗

北宋大臣苏子容奉命出使辽国，在辽国正巧赶上冬至。宋朝的历法比辽国的早一天，辽国人就问他哪一种历法才正确。苏子容从容地回答："每个国家的历法家计算时间所采取的方法是不一样的，因此会有早有晚。比如亥时是今天晚上，而过几个时辰就是子时了，那就是明天了。是早还是晚，各国根据本国的历法来算就可以了。"辽国人认为他讲得很有道理，于是就以自己的历法来庆祝冬至。苏子容回国后将此事禀报给皇上，皇上高兴地说："你讲得十分正确！"

苏子容是杰出的外交家，他回答辽国人提问的方式十分巧妙。辽国人突然让他评价宋、辽两国历法哪个正确哪个错误，这是一个十分棘手的问题，如果说宋朝的历法正确，那就等于否定了辽国的历法，不免有失外交礼仪；如果说辽国的历法正确，那更不妥当，似乎陷入一个进退两难的困境。而苏子容的回答十分巧妙，既表达了对辽国的尊敬，也无损于自己的国家。

任务三　礼仪的社会功能及如何提升礼仪修养

礼仪不仅是律己，也是表现对他人尊重和理解的过程。随着我国国际地位的日渐提升、国际影响的日趋扩大、国际角色的日趋重要，讲究礼仪，注重修养，完善自我，已成为中华民族走向世界的必然要求。

一、礼仪的社会功能

礼仪是人类社会文明发展的产物，是人们社会交际活动的共同准则。加强礼仪教育，对于提高自身的修养和素质，塑造良好形象，扩大社会交往，促进社会主义精神文明建设都具有十分重要的意义。社交礼仪具有多方面的功能，主要表现在以下几个方面。

1. 弘扬礼仪传统

文明古老的中华民族，创造了人类历史上最灿烂的文化。中国素以"礼仪之邦"著称。几千年来，各族人民都有独具特色的礼节、仪式、风尚、习俗、节令、规章和典制等，并为他们所喜爱、沿袭，这些礼仪传统反映了中华民族的传统美德与优良品质。

2. 提高自身修养

在人际交往中，礼仪往往是衡量一个人文明程度的准绳。它不仅反映一个人的交际与应变能力，还反映一个人的气质风度、阅历见识、道德情操、精神风貌。在这个意义上，礼仪即教养，而有道德才能高尚，有教养才能文明。这也意味着，通过一个人对礼仪运用的程度，可以察知其修养的高低、文明的程度和道德的水准。

【礼仪小故事】

电车上的故事

美国第25任总统威廉·麦金莱的好朋友查尔斯·道斯曾经讲述过这样一件事：

多日来，总统一直为任命一个重要的外交职务而犯难——他要在两个同样有才干的候选人中选出一个，然而他始终举棋不定。

在一个风雨交加的夜晚，总统搭乘一辆有轨电车，坐在后排的最后一个位置上。电车停在下一站，上来一位老妇人，挽着一个沉重的篮子，孤零零地站在车厢的过道上。老妇人面对着的是一位具有绅士风度的男子，该男子举着报纸将脸挡住，装作没看见。总统从后排站起来，沿着过道走去，提起沉甸甸的篮子，把老妇人引到自己的座位上坐下。那位男子仍然举着报纸低着头，对车厢里发生的一切装作什么也没看见。

总统顺便朝那男子瞅了一眼，那张脸庞深深地印入了脑海。这男子不正是那两位候选人之一吗？总统果断地做出决定：取消该候选人的资格，而另一位则理所当然地成了外交官。

查尔斯·道斯说："这位候选人永远不会知道，就是因为他那一点点自私行为，或者说缺少那么一点点仁慈之心，他失去了想得到的东西。"

3. 塑造美好形象

讲究礼仪对于塑造和维系组织和个人的形象都是至关重要的。个人形象，是一个人仪容、表情、举止、服饰、谈吐、教养的集合，而礼仪在上述诸方面都有其详尽的规范。因此，学习、运用礼仪，无疑将有益于人们更好地、更规范地维护个人形象，更好、更充分地展示个人的良好教养。

良好的组织形象是任何组织都在追求的目标，组织形象的塑造处处都需要良好的礼仪。比如，你想和某一单位联系业务，当你拨打对方办公室电话但无人接听或铃响五六声之后才有人接听时，你会有该单位工作效率不高、制度不健全、员工素质差的印象。反之，当你 拨通电话，就听到对方亲切的问候、得体的称呼、礼貌的语言、简洁的回答时，亲切之感便油然而生。

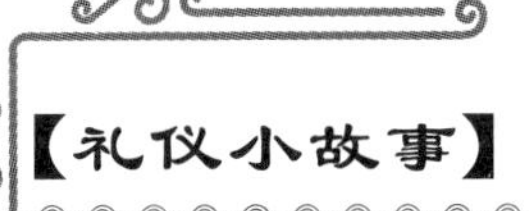

【礼仪小故事】

重视礼仪的周总理

周恩来总理在南开中学读书的时候，学校有一块仪容镜，镜子的旁边写着南开中学的“容止格言”：“面必洗，发必理，衣必整，纽必结；头必正，胸要宽，背要直”“气象勿傲勿暴勿怠，颜色宜和宜静宜庄”。周总理一生待人接物都以此为准则，赢得了众人的敬重。他常对身边的公务员说：“我们每个人不仅是代表了自己，更重要的是代表我们的国家。”因此，在接待外宾时，他总是一丝不苟。

有一次，周总理在连续工作30多个小时后，距离会见越南总理仅有14分钟时，他忽然发现自己胡须稍长，当即对身边的公务员低头说：“我去刮刮胡子。”不一会儿车要开了，却不见周总理的身影，大家四处寻找，原来他因过度疲劳，一手拿着毛巾，一手拿着剃须刀，一动不动地歪靠在墙角。大家感动得流出了眼泪。但周总理很快醒了过来，马上恢复了先前机敏、洒脱的神采，神情庄重地又一次投入紧张的工作。

周总理病重期间，仍坚持参加重要的外事活动。后来他病得连脚都肿了起来，原来的皮鞋、布鞋都不能穿，只能穿着拖鞋走路。参加外事活动时，工作人员关心总理，让他穿着拖鞋参加，认为外宾能够理解他。周总理不同意，他慈祥而严肃地说：“不行，要讲礼仪嘛！”于是，他让工作人员为他特制了一双鞋。注重仪表，尊重自己也尊重别人，使周总理在外交方面享有很高的国际评价。

4. 改善人际关系

马克思说过“社会是人们交互作用的产物”。没有社交活动，人类的生活是不可想象的。人们参加社交活动，多为建立友谊、交流感情、融洽关系、广结良友、增长见识。现代化的社会对人们的社交提出了新的要求，社会越发展，物质生活越丰富，而处在社交活动中的每个人的仪表、仪态及对礼仪知识的了解也变得极其重要。讲究礼仪，除了可以使个人在交际活动中胸有成竹、处变不惊之外，还能够帮助人们规范彼此的交际活动，更好地向交往对象表达自己的尊重、敬佩、友好与善意，增进彼此的了解与信任。

礼仪与礼貌，对现代人来说，是一种信息传递，可以很快把自己的尊重之情准确表达出来并传递给对方，使对方获得情感上的满足。与此同时，礼貌也会反馈回来——对方以礼貌回敬。于是双方的热情之火被点燃，支持与协作便开始了。假如人人皆如此，必将促进社会交往的进步，帮助人们更好地取得交际成功，进而造就和谐的人际关系。

小节的象征

一位先生要雇一名勤杂工到他的办公室做事，这位先生挑中了一个男孩。这位先生的朋友问道："你为何喜欢那个男孩？他既没带一封介绍信，也没有任何人的推荐。"

"你错了。"这位先生说，"他带来了许多介绍信。你看，他在门口蹭掉脚上的土，进门后随手关上了门，说明他做事小心仔细。当看到那位残疾老人时，他立即起身让座，表明他心地善良，懂得体贴别人。进了办公室，他先摘去帽子，回答我提出的问题时干脆、果断，证明他既懂礼貌又有教养。其他人都从我故意放在地板上的那本书上迈过，而这个男孩却俯身拣起那本书，并放在了桌上。当我和他交谈时，我发现他衣着整洁，头发梳得整整齐齐，指甲修得干干净净，谈吐落落大方，思维十分敏捷。难道你不认为这些小节是极好的介绍信吗？"

5. 建设精神文明

世界各国和各民族都十分重视交往时的礼节，把它视为一个国家和民族文明程度的重要标志。正如古人所说："礼义廉耻，国之四维。"礼仪是立国的精神之本。在社会主义精神文明建设中，讲究礼节礼仪、注重礼貌是最基本的要求，它对建设精神文明的大厦起着重要的基础作用，只有基础扎实，大厦才能牢固。

二、如何提升礼仪修养

礼仪修养是指一个人在交际实践中，根据一定的交际礼仪原则和规范自觉地进行学习和训练，使自己养成一种每时每刻按礼仪待人接物的行为习惯。提升礼仪修养应从以下几方面着手。

1. 提升道德修养

道德修养是指个人为实现一定的理想人格而在意识和行为方面进行的道德上的自我锻炼。良好的道德修养能够指导人的行为，也能够使人自觉地遵守礼仪规范。

中华民族在悠久的历史中积累了许多待人接物的礼仪规范，这些礼仪规范在很大程度上是道德修养和文明程度的标志。传统礼仪认为个人的外在仪容、仪表、仪态要以内在德行为本。有诚敬之心，才会有庄重、恭谨之色；忠信形于内，才能应于外。而且，个人礼仪修养要以"中庸"为原则，不可过，也不可不及，这就是"狎甚则相简，庄甚则不亲，是故君子之狎足以交欢，其庄足以成礼"(《曾子》)。因此，古人讲庄敬以修礼，也讲配乐以合群，强调内在素质与外在的个人仪容、仪表、仪态的修饰要配合得恰到好处，不能只讲朴实而不要礼仪修养，也不能只讲礼仪修养而压抑或扭曲个人的天然秉性。

从本质上说，礼仪行为就是一个人内在素质在待人接物过程中的一种反映，它是由道德修养所决定的。因此，加强道德修养，对提高礼仪行为水平起着决定作用。

【礼仪小故事】

顾珏的“经商之道”

顾珏是清朝著名的雕刻家。传说他曾在嘉定的一个小巷里租了一个门面，以雕刻笔筒之类的小工艺品为业。朋友好奇地问：“你手艺那么好，为什么不尝试雕刻一些大型的东西卖呀?”顾珏摇了摇头，说：“你有所不知，在街的另一头，有个叫楚子墨的工匠一直以木刻为生，我不能抢人家的饭碗啊。”此话传到了楚子墨的耳朵里，楚子墨却觉得自己技艺精湛，对顾珏的好意根本不领情。

钦差大臣徐默是一位爱好雕刻的雅士，他听闻顾珏的雕刻水平极高，便出高价向顾珏求购一件木刻。没想到，顾珏却委婉推辞道：“说到木刻，其实我们这里还是楚子墨先生刻得最好，我的只是自娱自乐，实在登不上大雅之堂。”

徐默信以为真，便去找楚子墨。得到钦差大臣的看重，楚子墨备感荣幸，于是倾尽全力为徐墨雕刻了一幅美妙的山水图，使其满意而归。自此，楚子墨名声大噪。为了感激顾珏的推荐之情，楚子墨主动和顾珏交流，最终，两人成为好友。

几年后，顾珏离开嘉定，北上京城。临行时，楚子墨将特地雕刻的一件木雕送给他作为送行礼物。按照礼尚往来的传统，顾珏应回赠一件礼物。于是顾珏便拿出以前雕刻的一件作品送给楚子墨。跟随顾珏进屋的楚子墨见到顾珏家里的墙上挂满木雕，顿时就惊呆了。那些作品栩栩如生，美不胜收，其刻功与自己的相比，有过之而无不及。楚子墨这才恍然大悟，他感激地对顾珏说：“顾兄之所以不卖刻雕，原来真是为了不夺我的饭碗。”

2. 提升文化修养

古人说“腹有诗书气自华”，意思是说文化素养可以使人的外在气质变得优雅。同时也告诉我们，想拥有优雅的气质，就要不断提高自身的文化素养。其实，礼仪本身就是文化。一方面，礼仪经过几千年的传承，经过历代人的改造和发展，已经具有了深厚的文化底蕴。它既源远流长、博大精深，又多姿多彩、气象万千。如果将丰富的礼仪文化内化为自觉的行为，那么这个人就会自然流露“气、华”，拥有人人所追求的翩翩风度与优雅气质。一般来说，具有文化修养的人通常思考问题缜密，分析问题透彻，处理问题有方，并在人际交往中更懂得言谈包装，讲究言谈艺术，注重言谈效果，从而显现独特的文化魅力。例如，与他人打交道时，以“请问您贵姓”取代“您叫什么名字”，以“我能帮助您吗”取代“您有什么事”，能够自然显现优雅得体的风度。

另一方面，世界上各个国家、地区、民族生活在不同的政治、经济、文化、地理环境中，自然而然地产生了不同的文化习惯与行为规范。这种文化差异对人的思想、观念、行为、习惯等都产生了较大的影响，对礼仪也产生了相应的影响。只有多途径、多渠道地学习、积累多方面的文化知识，才能更有效地提高一个人的文化修养。

中国古代的生活礼仪

1. 诞生礼

从妇女未孕时的求子到婴儿周岁时的一切礼仪都围绕着“长命”这一主题。“高禖之祭”就是皇帝的求子礼仪。汉魏时皆有高禖之祭，唐宋时制定了高禖之祭的礼仪，金代高禖之祭在皇城东永安门北建木制方台举行，台下设高禖神位。清代无高禖之祭，却有与之意义相同的“换索”仪式。完整的诞生礼还包括“三朝”“满月”“百日”“周岁”等环节。“三朝”是婴儿降生三日时接受各方面的贺礼；“满月”是婴儿在满一个月时剃胎发；“百日”时婴儿行认舅礼、命名礼；“周岁”时行抓周礼，以预测小儿一生命运、事业吉凶。

2. 成年礼

中国古代汉族的成年礼指冠礼和笄礼。男子满 20 岁行冠礼，女子满 15 岁行笄礼。冠礼和笄礼从西周一直延续到明朝。中国少数民族不少地区至今还保留着古老的成年礼，如拔牙、染牙、穿裙、穿裤、盘发髻等仪式。

3. 飨燕饮食礼仪

“飨”在太庙举行，指烹太牢以饮宾客，重点在礼仪往来而不在饮食，“燕”即宴，在寝宫举行，主宾可以开怀畅饮。燕礼对中国饮食文化形成有深远的影响。节日设宴的传统在中国民间食俗中形成了节日饮食礼仪。元宵节吃元宵，清明节吃冷饭寒食，端午节吃粽子、喝雄黄酒，中秋节吃月饼，除夕时吃饺子等都是节日仪礼中的饮食习俗。在特定的节日吃特定的食物，这也是一种饮食礼仪。宴席上的座次，上菜的顺序，劝酒、敬酒的礼节，也都有男女、尊卑、长幼关系和祈福避讳上的要求。

4. 宾礼

宾礼主要是对客人的接待之礼。与客人往来的馈赠礼仪有等级差别，如宾见主人要以雉为贽；下大夫相见，以雁为贽；上大夫相见，以羔为贽。

5. 五祀

五祀指祭门、户、井、灶、中溜(中室)。周代是春祀户,夏祀灶,秋祀门,冬祭井。汉魏时按季节行五祀,孟冬三月"腊五祀",总祭一次。唐、宋、元时有"天子七祀"之说,祀司命(宫中小神)、中、国门、国行、泰厉(野鬼)、户、灶。明清两代仍祭五祀,清康熙之后,罢去门、户、中溜、井的专祀,只在农历十二月二十三日祭灶,与民间传说的灶王爷腊月二十四日回天言事的故事相合,国家祀典也采用了民间形式。

6. 傩仪

傩仪滥觞于史前,盛行于商周。周代的傩仪为四季驱邪逐疫。周人认为自然的运转与人事的吉凶息息相关。四季转换,寒暑变化,瘟疫流行,鬼魂乘势作祟,因此必须适时举行傩仪以逐邪恶。

傩仪中的主神是方相氏。两汉时期,傩仪中出现了与方相氏相配的十二兽。魏晋南北朝隋唐沿袭汉制,在傩仪中加入了娱乐成分,方相氏和十二神兽角色由乐人扮演。至今仍有遗存的贵州土家族傩堂仪最为完整和典型。

3. 提升艺术修养

礼仪本身就是一门艺术。我们讲究礼仪、学习礼仪、实行礼仪,都有一个根本前提,即为了表达敬人之心,让他人获得愉悦之感,因此礼仪天然地就具有审美性。例如着装礼仪要求:衣服不能过于华丽,过于华丽的衣服会给人一种炫耀的感觉;但也不能过于朴素,在一些隆重盛大的场合,穿得过于朴素,也会让人觉得失礼。着装礼仪和一些艺术形式一样具有很强的审美性。

另外,礼仪会教给人们一些交往技巧,强调与人沟通具有很强的艺术性,优雅的谈吐更容易达到沟通的目的。为什么"彬彬有礼"的人会让我们感到温暖、亲切和愉快呢?关键就在于礼仪已经被艺术化了,将礼仪的表演性融入自己的一言一行,就可以以一种艺术的方式去行礼。

因此,增强自身的艺术感知力,提高自身的审美鉴赏力,提升自身的审美修养都能极大地丰富个人礼仪素养的内涵,有助于提升个人的艺术修养。

知识巩固与礼仪训练

一、知识判断

1. 礼仪、礼貌、礼节在本质上是相通的。（　　）

2. 真正的礼仪是自然而然流露出来的，不是刻意表现出来的，也不是故意装出来的。（　　）

3. 拥有良好礼仪的前提是修身养性，只有内外兼修，才能成为一个真正有礼讲礼的人。（　　）

4. 丰富的内心、完善的性格、广泛的兴趣，本身就是一种良好的礼仪。（　　）

5. 学习并践行礼仪可以拥有一张通行天下的“名片”。（　　）

6. 学习礼仪可以塑造出优雅美丽的形象。（　　）

7. 礼仪是一种规范，只要一成不变地遵守就能达到目标。（　　）

8. 社会交往中，对待小人物不需要给予尊重。（　　）

9. 敬一人，则千万人悦；慢一人，则千万人怨。（　　）

10. 敬人者，人恒敬之；爱人者，人恒爱之。（　　）

二、礼仪训练

以班级为单位举办一场演讲，演讲主题为“我为自己代言”，侧重从礼仪的视角探讨个人形象的塑造。

三、案例评析

小处不可随便

据说民国年间，著名书法家于右任有一次看到院内到处有便溺痕迹，就拿来一张宣纸，写下“不可随处小便”几个字，叫人张贴出去。张贴者为了得到于右任的手迹，另写一张贴上，并将于右任的这张告示一字字裁开，巧妙地排成了“小处不可随便”的条幅，悬之于壁，用以律己。这便是“小处不可随便”的典故。

其实，“小处不可随便”是中国人自古以来的一条处世原则。古语道：“战战栗栗，日谨一日。人莫踬于山，而踬于垤。”(《尧戒》)这句话告诫人们时时提防被地上的小障碍绊倒，这或许是“小处不可随便”最古老的典故。

不只是中国，外国人也有类似的观念。小处随便的人往往不受欢迎，在某些特殊的场合甚至会造成严重的后果。这方面最典型的例子是关于18世纪法国公爵奥古斯丁的。法国国王路易十六的王后玛丽·安东尼有一次到巴黎剧院看戏，全场起立鼓掌。放荡不羁的奥古斯丁为了引起王后的注意，面向王后吹了两声很响的口哨。当时吹口哨被视为严重的调戏行为，国王大怒，把奥古斯丁投入监狱。而奥古斯丁入狱后似乎就被遗忘了，既不审讯，也不判刑，就日复一日地关着。直到1863年，老态龙钟的奥古斯丁才被释放。两声口哨换来50年的牢狱之灾，实在是天大的代价。

与此相反，小处端正的人往往也能取得人们的信任。法国有个“银行大王”，名叫恰科。但他年轻时并不顺利，52 次应聘均遭拒绝，第 53 次他来到了法国最好的银行面试，礼貌地说完再见，转身低头往外走去。忽然，他看见有一枚大头针横在离门口不远的地方。他知道大头针虽小，但也能对人造成伤害，就弯腰把它捡了起来。第二天，他出乎意料地接到了这家银行的录用通知书。原来，他捡大头针的举动被董事长看见了，从这个不经意的小动作中，董事长发现了他品格中闪光的东西。这样精细的人是很适合做银行职员的。于是，董事长改变主意决定聘用他。恰科也因此得到了施展才华的机会，走向了成功之路。

思考

1. 你是怎样理解“小处不可随便”的？
2. 结合本案例，谈谈你对礼仪社会功能的理解。
3. 结合本案例，谈谈你对如何提升个人礼仪修养的理解。
4. 从礼仪的角度审视本案例给你带来的收获和启示。

拓展阅读

教养的证据

毕淑敏

教养是个高频词。时下，如果说某人没教养，就是大批评、大贬义了。

什么叫教养呢？辞典上说是“文化和品德的修养”，但我更愿意理解为“因教育而养成的优良品质和习惯”。

一个人可以受过教育，但他依然是没有教养的。就像一个人可以不停地吃东西，但他的肠胃不吸收，竹篮打水一场空，还是骨瘦如柴。不过这话似乎不能反过来说——一个人没有受过系统的教育，他却能够很有教养。

教养不是天生的。一个小孩子如果没有人教给他良好的习惯和有关的知识，他必定是愚昧和粗浅的。当然，这个“教”是广义的，除了指学校的教育，也包括家长的言传身教和环境的耳濡目染。

教养和财富一样，是需要证据的。你说你有钱不成，得拿出一个资产证明。教养的证据不是你读过多少书，家庭背景如何显赫，也不是你通晓多少礼节规范，能够熟练使用刀叉，会穿晚礼服……这些仅仅是一些表面的现象，最关键的证据可能有如下若干。

热爱大自然。把它列为有教养的证据之首，是因为一个不懂得敬畏大自然，不知道人类渺小的人，必是井底之蛙，与教养谬之千里。这也许怪不得他，因为如果不经教育，一个人是很难自发地懂得宇宙之大和人类的渺小的。没有相应的自然科学知识，人除了显得蒙昧和狭隘以外，注定也是盲目傲慢的。之所以从小就教育孩子要爱护花草，正是这种伟大感悟的最基本的训练。若是看到一个成人野蛮地攀折林木，通常人们就会毫不迟疑地评判道：这个人太没有教养了。可见教养和绿色是紧密地联系在一起。懂得与自然协调地相处，懂得爱护无言的植物的人，推而广之，他多半也可能会爱惜更多的动物，爱护自己的同类。

一个有教养的人，应该能够自如地运用公共的语言，表达自己的内心和同他人交流，并能妥帖地付诸文字。我所说的公共语言，是指大家——从普通民众到知识分子都能理解的简洁和明快的语言，而不是某种狭窄的土语、俚语或者某特定情境下的专业语言。这个要求并非画蛇添足，在这个千帆竞发的时代，太多的人，只会说他那个行业的内部语言，只会说机器仪器能听懂的语言，却不懂得和人亲密地交流。这不是一个批评，而是一个事实。和人的交流的掌握，特别是和陌生人的沟通，通常不是自发产生的，是要通过学习和练习来获得的。一个没有受过教育的人，他所掌握的词汇是有限和贫乏的，除了描绘自己的生理感受，比如饿了、渴了、睡觉以及生殖的欲望之外，他们对于自己的内心感知甚为模糊，因为那些描述内心感受的词汇，通常是抽象和长于比兴的。而不通过学习，就难以明确恰当地将它表达出来。那些虽然拥有一技之长，但无法精彩地运用公共语言这种神圣的媒介，来沟通和解读自我心灵的人，难以算是一个有教养的人。技术是用来谋生的，而仅仅具有谋生的本领是不够的，就像豺狼也会自发地猎取食物一样，那是近乎无须教育也可掌握的本能。而人，毫无疑问地应比豺狼更高一筹。

一个有教养的人，应该对历史有恰如其分的了解，知道生而为人，我们走过了怎样曲折的道路。当然，教养并不能使每个人都像历史学家那样博古通今，但是教养能使一个有思考爱好的人，知晓我们是从哪里来，要到哪里去。教养通过历史，使我们不单活在此时此刻，也活在从前和以后，如同生活在一条奔腾的大河里，知道泉眼和海洋的方向。

模块二 形象礼仪

学习目标

- 了解仪容、仪表的含义，熟知在现代社交活动中个人容貌修饰的重要性
- 理解仪容、仪表修饰的基本要求
- 根据个人特点掌握仪容、仪表修饰的具体方法

案例导入

1960 年 9 月，尼克松和肯尼迪在全美的电视观众面前举行他们竞选总统的第一次辩论。当时，两个人的名望和才能大体相当，可以说是棋逢对手。但大多数评论员预料，尼克松素以经验丰富的“电视演员”著称，击败比他缺乏电视演讲经验的肯尼迪一定毫无悬念。但事实并非如此。肯尼迪事先不仅进行了专门的练习和彩排，还特地到海滩晒太阳，结果，他出现在屏幕上时精神焕发、满面红光。而尼克松没有听从电视导演的建议，加上那一阵十分劳累，更失策的是他的面部化妆用了深色的粉底，因而在屏幕上显得精神疲惫、表情痛苦。正如一位历史学家所形容：“让全世界看来，他好像是一个不爱刮胡子和出汗过多的人，在带着忧郁感等待着电视广告告诉他怎样做才能不失礼。”因此，尼克松最终以极少的票数败下阵来。

点评：从上述案例中不难看出，仪容、仪表的差异和对比，为肯尼迪的取胜提供了非常大的帮助，竞选结果虽出人意料却又合情合理。一个人的仪容、仪表往往会引起他人第一时间的关注，并将影响对方对自己的整体评价。因此，在与人交往中，要想树立良好的个人形象，为社交沟通打开方便之门，就必须要讲究个人的仪容、仪表。

任务一 仪容礼仪

仪容是指容貌上的美化和修饰，包括美容与美发。对于社交中的女性来说，化妆则是必不可少的。美好的仪容，既反映了个人爱美的意识，又体现了对他人的尊重；既振奋了自己的精神，又表现了个人的敬业。因此社交中不可忽视对仪容的修饰。

一、仪容的基本要求

你的面相，藏着你的未来

一次，美国前总统林肯面试了一位应聘者，但是林肯拒绝录用他。旁人问为什么，林肯说："我不喜欢他的长相！"旁人解释道："长得不好看，并不是他的过错啊！"

林肯说，应聘者紧皱双眉，满面愁容，并且头发乱糟糟没有打理，衬衫也是皱巴巴的，可想而知他的生活是多么糟糕，这样的人怎么能胜任工作？

林肯认为，一个人 40 岁以前的脸是父母决定的，但 40 岁以后的脸却是自己决定的，一个人要为自己 40 岁以后的长相负责任。

点评：仪容仪表虽是细节，却在个人形象塑造中起着非常重要的作用。作为现代商务社会的一员，我们应时刻提醒自己注意个人形象，仪容要遵循美观、自然、协调等原则。

1. 美观

漂亮、美丽、端庄的外观仪容是形成优美良好的社交形象的基本要素。人们都希望自己在社交场合中变得更美丽，这是无疑的，但事实上，有些人错误地认为，把发胶、摩丝喷在头上，把各种色彩涂抹在脸上的相应部位就代表美。我们经常可以看到"横眉冷对""血盆大口""油头粉面"的外表，这不是美，美要从最终效果来看。要使仪容达到美观的效果，必须了解自己的脸型及脸各部位的特点，并清楚怎样化妆、美发和矫正才能使自己扬长避短，使容貌更迷人。这些，要在把握脸部个性特征和正确的审美观的前提下进行。

2. 自然

自然是仪容的最高境界，它使人看起来真实而生动，而不是戴着一张呆板、生硬的面具。失去自然的效果就是假，假的东西没有生命力和美。打造美好仪容要依赖正确的化妆技巧、合适的化妆品；要一丝不苟、井井有条；要讲究过渡，体现层次；要点面到位，浓淡相宜。这样才能使人感到真实、自然的美。

3. 协调

仪容的协调包括：第一，妆面协调。妆面协调指化妆部位色彩搭配、浓淡协调，所化的妆针对脸部个性特点，整体设计协调。第二，全身协调。全身协调指脸部化妆、发型与服饰协调，力求取得完美的整体效果。第三，角色协调。角色协调指针对自己在社交中扮演的不同角色，采用不同的化妆手法和化妆品。如职业人员，应注意化妆后体现端庄稳重的气质；如专门从事公关、礼仪、接待、服务的人员，出头露面的机会多，要表现出人际吸引魅力，妆容就应浓淡相宜，符合人们共同的爱美之心。第四，场合协调。场合协调指化妆、发型要与所去的场合气氛要求一致。比如，日常办公应略施淡妆；出入舞会、宴会，可化浓妆；参加追悼会应素衣淡妆。

二、完美的仪容从发型开始

发型是构成仪容的重要内容。美观的发型能给人一种整洁、庄重、洒脱、文雅、活泼的感觉。根据发质、服装、身材、脸型等选择合适的发型，就可以扬长避短，和谐统一，增加人体的整体美。

1. 整洁美

准备面试时别忽略了你的头发

小赵到一家大型企业应聘业务员，他一路过关斩将，终于取得了面试机会。面试结束后，小赵焦急地等待着结果，可是等了很久也没有消息。很显然，他落选了。

小赵沮丧极了，但他仍不死心，怀着一线希望，他专程来到这家企业，找到当时的面试主考官，想了解一下自己不被录用的原因。他非常谦逊地问："您好！我知道那天我的表现不令人满意，可是您能告诉我，我有哪些不足的地方吗？以便我在以后的面试中能够吸取教训，提高自己。"面试主考官感受到了小赵的诚意，非常认真地给出了自己的建议，他说："作为一名应聘者，有一些细节问题不可忽略。在面试的过程中，首先跃入我们眼帘的是应聘者的头部，因此，应聘者必须精心修理自己的头发。那天你一进门，我们就看见你的头发很长，显然长时间未经修理，并且你的头发还脏兮兮的，上面满是头皮屑。这些微小的细节，都给我们留下了不好的第一印象。要知道，你将要从事的是销售工作，如果不注重个人形象，怎么亲近客户，与客户建立良好的关系呢?”

小赵万万没有想到，小小的头发问题居然也会影响自己找工作，他恭恭敬敬地向面试主考官表达了自己的谢意。回去后，他立刻去理发店修剪了自己的头发。在以后的面试中，他吸取了这次教训，认真对待自己的仪容，最终找到了一份理想的工作。

勤洗头，保持头发的干净、整洁，是最基本的礼仪要求。在人际交往中，一个头发脏乱、油腻甚至满是头皮屑的人，绝对不会受到他人的欢迎和尊敬。那么，怎样才能保持头发的干净、整洁呢?

第一，要定期清洗头发。洗发不仅可以清除头皮屑和头发中的污垢，使头发柔软并富有弹性，还可以促进头皮的血液循环和皮脂腺的正常分泌，保持头发、头皮和人体的健康。如果长时间不洗头，不但不美观，而且有可能引发头皮屑、皮炎甚至脱发等疾病。

第二，要定期修剪头发，根据个人头发的生长周期和发型的需要，头发的修剪时间可以有所不同。一般情况下，男士最好半个月左右修剪一次头发，女士最好不要长于一个月。每个人的头发都会不断地进行新陈代谢，有的头发长得快，有的头发长得慢。时间一长，头发就会变得参差不齐，看上去乱蓬蓬的。另外，头发长到一定长度后，如果不及时修剪，有可能会引起头皮油脂代谢紊乱，使头发干枯、发黄、分叉，严重影响头发的健康，而定期修剪头发既可以避免上述现象，又可以刺激毛发细胞的新陈代谢，促进毛发的生长，使头发健康、柔顺。

2. 修饰美

美国某公司的形象顾问玛吉·马斯特罗马琪说：“一个新式的、好的发型，能让人拥有年轻的外表和完美的形象。一个人的发型最先进入对方的视线，也就最先给对方产生某种印象。”这就告诉我们，得体的发型可以展现一个人的良好仪容和审美水平，在整理自己的头发时，除了要使头发保持整洁之外，还可以适当地对头发进行一些修饰，以增加我们的个人魅力。然而在现实生活中，我们常常会看到下面的现象：有的人染一头彩发参加正式活动，招摇过市，自以为与众不同；有的人上班时梳一些怪异的发型，自以为新潮时尚。虽然说“爱美之心，人皆有之”，但这并不意味着我们可以为了追求流行、时尚而盲目地选择一些不适合自己的发型，在选择发型时同样要注意以下基本原则。

(1)发式与发质协调

一般来说，直而硬的头发容易修剪得整齐，故设计发型时应尽量避免花样复杂，应以修剪技巧为主，做成简单而又高雅大方的发型。例如，梳理成披肩长发，会使人具有一种飘逸秀美的悬垂美感；用大号发卷梳理成略带波浪的发型或梳成发髻等，会使人具有一种雍容、典雅的高贵气质。细而柔软的头发，比较服帖、容易梳理成型，可塑性强，适合做小卷曲的波浪式发型，显得蓬松自然；也可以梳成俏丽的短发，能充分体现个性美。

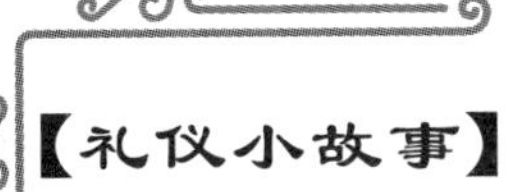

【礼仪小故事】

巧变发型改善形象

小孟是一家婚庆公司的婚礼顾问，她办事敏捷，谈吐落落大方，各方面的综合素质也都不错，可是她的业绩却一直不大理想，这让她感到非常苦恼。有一天，小孟向一位朋友抱怨道："我认为自己的能力不差，可不知为什么，我的业绩就是上不去，看来这份工作真的不适合我。"这位朋友听了以后，非常诚恳地对小孟说："我想我知道问题的症结在哪里。作为一名婚礼顾问，除了要有过硬的专业知识以外，还必须形象气质佳，有亲和力。可是你给人的第一印象却非常严肃，有一种拒人于千里之外的感觉。这样的话，客户很难认同你，对你产生信赖，又怎么会放心将自己的婚礼交给你策划呢？"

小孟觉得这位朋友的话非常有道理，于是，她专门请教了一位美容顾问，美容顾问认为问题就出在小孟的发型上。小孟是偏长的脸型，可她现在的发型不但没有帮她掩盖这一缺点，反而加重了她由于脸长而形成的严肃感，并且突出了她宽大的两颊，使得小孟整个人看上去比较死板。为了扬长避短，美容顾问加长了小孟额前刘海儿的长度，还为她设计了整齐中带点蓬松感的发型。发型改变之后，小孟给人的感觉是清新、飘逸，面容也柔和、亲切了许多。

(2)发式与身材协调

身材高大者，应选择显示大方、洒脱的发式，以避免给人造成大而粗、呆板生硬的印象。身材高大的女士，一般留简单的短发为好，切记花样复杂。烫发时，不宜烫小卷，以免造成与高大身材的不协调。

身材瘦高的女士，适合留长发，如卷曲的波浪式发型，并且可适当增加些装饰。但身材瘦高的女士不宜盘高发髻，或将头发剪得太短，以免给人一种更加瘦长的感觉。

身材矮小的女士，适宜留短发或盘发，因为露出脖子可以使身材显得高，并可以根据自己的喜爱，将发式做得精巧、别致。但身材矮小者不宜留长发或粗犷、蓬松的发型，那样会使身材显得更矮。

身材较胖的女士，适宜梳淡雅舒展、轻盈俏丽的发式，尤其应该注意将整体发式向上，将两侧束紧，使脖子露出，这样会使人产生瘦的视觉。但若留长波浪，两侧蓬松，则会显得更胖。

另外，如果你的上身比下身长，或上下身等长，可选择长发以遮盖上身；如果肩宽臂窄，就应选择披肩发或下部头发蓬松的发式，以发盖肩，分散肩部宽大的视角；若颈部细长，可选择长发的发式，不适宜短发，以免显得脖颈更长；若颈部短粗，则适宜选择中长发或短发。

(3)发式与脸型协调

椭圆脸：任何发式都可与其配合，但若选择中分、左右均衡、顶部略蓬松的发式，会更贴切，以显示脸型之美。

圆脸：这种脸型的人双颊较宽，因此应选择头前部或顶部半隆的发式。发式两侧则要略向后梳，将两颊及两耳稍微露出，这样，既可以在视觉上冲淡圆脸的感觉，又显得端庄大方。圆脸的人尤其适合梳纵向线条的垂直向下的发型或是盘发，使人显得挺拔而秀气。

长脸：长脸的人端庄却凝重，因此，应选择优雅可爱的发式来冲淡这种感觉。发式的顶发不宜太丰隆，前额部的头发可以适当向下梳，两颊部位的头发适当蓬松些，可以留长发，也可以留齐耳短发，发尾要松散流畅，以发型的宽度来缩短脸的视觉长度。若将头发做成自然成型的柔曲状，则会更理想。

方脸：前额较宽，两腮突出，显得脸型短阔。这种脸型的人适宜选择自然的大波浪发式，使整个头发柔和地将脸包起来，用略显蓬松的脸颊头发遮住脸的宽度，使圆润的线条冲淡方脸型给人造成的方正直线条的印象。

“由”字脸：应选择能够表现额角宽度的发型，如选择中长发型，可使顶部的头发梳得松软蓬松，两颊的头发宜向外蓬出以遮住腮部，在视觉上减弱腮部的宽阔感。

“甲”字脸：宜选择能遮盖宽前额的发型，一般来说两颊及后发应蓬松而饱满，额部有些“刘海儿”，以盖住过宽的额头，顶部头发不宜丰隆。此脸型的人适宜烫波浪形的长发。

发型与脸型搭配的五大误区

误区一：圆脸的人头发中间分界

不少东方人是圆脸，但不少圆脸的人喜欢在头发中间分缝，使头发紧贴头皮，这样会让脸显得更圆；有的人还喜欢将头发往后梳或扎马尾，这样只会使脸显得更大、更圆。

适合圆脸的发型应该是把脸圆的部分盖住，显得脸长一些。比如将头发侧分可以增加高度：用吹风机和圆齿梳将头顶头发吹高，两边的头发略盖住脸庞，头发宜稍长；或者两边的头发紧贴耳际，不要露出耳朵，稍梳些短发盖住脸庞；头发中分，长过下巴是最理想的。

误区二：长脸的人不留刘海儿

一些长脸人士喜欢梳不留刘海儿的发型，其实这样会使脸显得更长，事实上应该选一个使脸看上去没有那么长的发型，同时要好好地利用刘海儿，可以在前额处留刘海儿，从而从视觉上缩短脸的长度，两边修剪少许短发，盖住腮部，脸就不显得长了。

误区三：方脸的人剪平直或中分的发型

剪太平直或中分的发型会使脸显得更方。正确的搭配应该是顶部头发蓬松，使脸变得稍长，往一边梳的刘海儿，会使前额变窄；头发宜长过腮帮，侧分的头发显得蓬松，使脸型变得柔和。另外还可用不平衡法来缓解，因为每个人的脸长得并不匀称，某一边要比另一边漂亮，侧分头发可偏向漂亮的一边；将头发尽量往一侧梳，造就不平衡感，可弥补方脸的缺陷。

误区四：东方人做沉重的大卷发

西方人蓬松自然的卷发造型引起不少国内女士的向往，但是亚洲人的脸型不像西方人那么立体，大卷发在亚洲人的头上会变得很沉重，这时就要通过调整发色和发量来平衡，比如将发色染成棕色，或适当减少头发的量，在视觉效果上会很好看。

误区五：脸大的人不适合剪清爽短发

很多人认为，脸大的人剪清爽短发都不是很好看，但是这也并不是绝对的，发型师可以通过适当的细节修剪打破这一传统想法，比如把两侧的头发剪出流线形，来遮掩较胖的圆脸。

(4)发式与身份、职业协调

在现实生活中，我们常常会看到一些稚龄少女顶着一头成熟妩媚的大波浪，而上了年纪的女士却梳着可爱的公主头或是留着披肩长发，也不乏看到一些职业人士身穿笔挺的西装，头发的造型却十分前卫、怪异。其实，这些人都犯了发型设计的禁忌，那就是在选择发型时没有认真考虑自己的身份和职业。不同的身份和职业都有自己的特点，我们必须在不失身份、不影响工作的前提下，选择与自己的身份、职业相协调的发型。

头发的造型对于仪容美起着相当重要的作用，恰当的发型能够使人容光焕发、风度翩翩，更加彰显一个人的修养和品位。另外，在选择和设计发型时，还应该考虑一些其他因素，如年龄、个人气质、季节、着装等。例如，在着装方面，对女性而言，穿套装时，可将头发绾在颈后，显得端庄、干练；穿晚礼服时，可以将头发绾在颈后结低发髻，显得庄重、高雅；穿运动装时，则可将头发扎成马尾辫，显得青春、活泼、潇洒。

【礼仪小贴士】

不同的职业工作者应该选择不同的发型

不同的职业对工作者的发型有着不同的要求。

文艺工作者、服装模特：为了突出个性，使外在形象更富有艺术气息，发型可以设计得新颖、别致、前卫、时尚一些。

运动员、体育爱好者以及劳动者：适合留轻松、活泼、易于梳理的短发，这样在运动或劳动时，头发就不会影响视线，发型也可以保持得更持久一些。

戴工作帽的职业者：像纺织工人、医务人员、战士等，因经常戴工作帽，发型不能做得太复杂，头发也不宜过长，这样戴上帽子后，仍然可以保持发型的美观。

服务人员：大饭店、大公司的服务人员或是旅游、外贸接待人员的发型应以整洁、美观为主，这样能够给人留下健康明朗、文明礼貌的良好印象。对于男性服务人员来说，头发长短的要求是前不覆额、旁不掩耳、后不触领；对于女性服务人员来说，头发不宜长于肩部，更不宜挡住眼睛，如果头发过长，需要将头发扎起来或盘起来。

教师和公务员：发型应优美大方，线条简单、自然，看上去朴实、端庄。

学生：发型应该清新、活泼、大方，便于梳理，能够显示出年轻人朝气蓬勃、积极向上的精神风貌。不应过分地修饰头发，不可染发、烫发或是留一些怪异的发型。一般来说，女生的发型应以简洁、易梳理为宜，不宜烫发、盘发，以免破坏了女学生青春、活泼的形象；男生的发型也以整齐、干净、富有朝气为宜，不宜留长发、蓄小胡子，以免破坏了青春、健美的形象。

总之，选择发型时要认真考虑以上因素，恰当、自然地修饰自己，既能够提高个人形象，体现出和谐的整体美，又可以给人以愉悦感，为自己在人际交往中的形象加分。

三、面容是影响仪容美的重要因素

在与人交往时，我们常常会“以貌取人”。面容能够体现出一个人的精神面貌和对生活的态度，它在人际交往中所起的作用是最直接的。面容是否洁净，皮肤是否有光泽，关乎我们能否在人际交往中迈出良好的第一步。在竞争日益激烈的当今社会，形象创造价值、形象决定命运的说法并不是夸大其词。为了在人际交往中取得成功，在整理面容时，我们必须遵循以下原则。

1. 整洁美

虽然不是每个人都天生丽质，但我们可以通过恰当的修饰，使自己的形象更加完美。为了给别人留下一个美好的印象，首先就要保持面容的清洁。面容的清洁与否，与自我形象是否良好关系极大，因此，我们必须时刻保持面容的卫生、清爽。

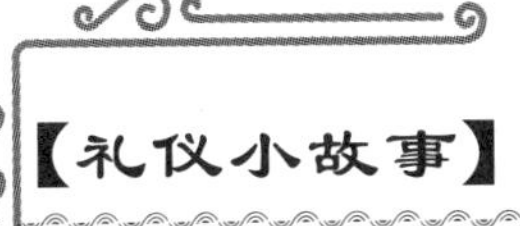

都是眼睛惹的祸

李伟性格开朗，对人非常热情。中专毕业后，他到一家五星级酒店做了服务员，可才过了三个星期，主管就告诉他明天不用再来上班了。听到消息的那一刻，李伟的心里特别委屈。回想这三个星期以来，他每天第一个到酒店，从不迟到早退，对工作也是尽心尽力，自认没有什么过错，怎么会受到如此待遇呢?

李伟很不服气，他让主管说明辞退自己的原因。主管很认真地告诉他："小伙子，对于一名服务员来说，个人形象是非常重要的。你工作上是没什么错，可是你看看你自己，从头到脚没有一点儿整洁的地方。每天一大清早看到你，你都是一副睡眼惺忪、无精打采的样子，并且好几次我都看到你在用手擦眼屎。要知道，这些细节不仅仅是你个人的问题，还关乎着我们酒店的形象和声誉啊!"

听了主管的话，李伟顿时哑口无言。原来，为了节省时间，能够最早赶到酒店，每天洗脸时他都特别马虎，根本就没有把脸清洗干净，因此总觉得眼睛模模糊糊的，工作时就不自觉地用手去擦眼睛了。可他万万没有想到，这么小的细节最终毁掉了自己的工作。

具体来说，我们可以从以下几个部位着手，来打造出干净、整洁的面容：

(1)脸部。脸部好比是一个人的"门面"，如果一个人的"门面"不干净、不整洁，就会使自己的形象大打折扣。因为脸部暴露在外，经常受到风吹雨淋，最容易被外界污染，所以我们一定要勤洗脸，让脸部保持干净、清爽。最基本的要求就是要做到无灰尘、无汗渍、无油污、无分泌物等。

一般来说，我们每天早晚都要洗脸，但是在特殊情况下，如午休、用餐、出汗、劳动或者外出之后，也应该立刻洗脸。尤其是处于青春期的学生，如果不勤洗脸，脸部很容易产生过量的油脂，使毛孔堵塞形成痤疮，严重影响自己的外在形象。"君子正其衣冠，尊其瞻视，何必蓬头垢面，然后为贤?"(《魏书·封轨传》)。这句话告诉我们，品行好的人就应该讲究个人卫生，一个蓬头垢面的人是不可能成为贤人的，更不会受到他人的尊重和喜爱。

(2)眼睛。俗话说："眼睛是心灵的窗户。"眼睛是人体中最核心、最脆弱的部位，在人际交往中，也是被别人注意最多的地方。因此，我们一定要小心呵护自己的眼睛，时刻注意眼部的清洁，千万不要使之成为社交活动中的隐患。另外，如果患有眼病，应尽量避免参加社交活动。

(3)耳朵。在整理面容时，耳朵是我们最容易忽视的部位。其实，耳孔里不仅有分泌物，还有许多灰尘。因此，我们在洗澡、洗头、洗脸时，都应该特别留意清洗一下自己的耳朵。不过一定要注意，这个举动绝对不应该在大庭广众之下进行，否则就犯了礼仪的大忌。另外，男士如果有耳毛的话，也应该及时修剪。

(4)鼻子。对鼻子的清洁主要有以下要求：

第一，早晚要注意清洁鼻子的内外，特别是长时间在外奔波的人，鼻腔会吸入很多灰尘，更要注意保持鼻子的卫生。

第二，鼻腔内也应该保持干净，不能让鼻涕或其他不洁的东西充塞鼻孔。特别需要注意的是，不可当众用手擤鼻涕、挖鼻孔。

第三，对于男士来说，还要经常修剪鼻毛。

(5)嘴部。对嘴部的清洁要求：

第一，注意口腔卫生，保持牙齿清洁，口腔无异味。一般来说，应坚持每天早、中、晚刷三次牙。尤其是饭后，一定要刷牙或漱口，以去除牙齿上的残渣和口腔中的异味。另外，在参加社交活动之前，应忌食蒜、葱、韭菜、萝卜、腐乳等带有刺激性气味的东西。

第二，及时剃除胡须。对于男士来说，剃须是一项经常进行的脸部护理工作。一般来说，如果没有特殊需要，男士最好不要蓄胡子。尤其是在一些比较正式的场合，如果留着乱七八糟的胡须，不仅整个人看上去邋里邋遢、无精打采，还会给人留下散漫随意、不庄重的印象，自然也难以获得他人的尊重和好感。

快速去除口腔异味的5种方法

在人际交往中，面对面的交流是必不可少的。如果你正在被口腔异味所困扰，现在就教你一些去除口腔异味的办法。

引起口腔异味的原因主要有三个：一是食物残渣长期积存，在细菌的作用下发酵、分解，产生难闻的气味；二是牙周疾病、龋齿造成异味；三是患有消化道疾病，如缺乏胃动力、消化不良等。

如果由前两种原因引起口腔异味，请试试下面这5种清新口气的小方法：

(1)嚼口香糖，或者使用口气清新剂。

(2)饭后用淡盐水漱口，或用鲜芦根泡水喝，都能起到杀菌消炎的作用。

(3)咀嚼香菜、茶叶或花生米，咀嚼的时间越长，越能让它们本身特有的香气充分地分解出来，以此来净化我们的口腔。

(4)在开水里加入一些薄荷或鲜柠檬汁，喝上一杯即可去除口腔异味。

(5)吃点西红柿、柚子、枣、橘子等。另外，咀嚼橘子皮也能消除口腔异味。

如果是消化道疾病引起的口腔异味，上面的方法只能起到缓解的作用，还是要到医院去治疗才能彻底解决。

2. 修饰美

在职业活动中，适当化妆不仅是职业工作的需要，同时也是对他人尊重的一种表现。

化妆大体上分为打粉底、描眉形、施眼影、画眼线、上腮红、涂唇膏、喷香水等步骤。

(1)打粉底，又叫敷底粉或打底，它是以调整面部皮肤颜色为目的的一种基础化妆。打粉底时有四点应特别注意：一是要事先清洗好面部，并且拍上适量的化妆水、乳液；二是选择粉底时最好选择色彩与自己肤色相接近的；三是打粉底时一定要借助于海绵，而且要做到取用适量、涂抹细致、厚薄均匀；四是切勿忘记脖颈部位，在脖颈打上一点粉底，才不会使面部与颈部“泾渭分明”。

(2)描眉形。一个人眉毛的浓淡与形状，对其容貌起着重要的烘托作用。任何有经验的化妆者，都会将描眉视为其化妆时的重中之重。在描眉时，有四点需要注意：一是先修眉，以专用的镊子拔除那些杂乱无序的眉毛。二是描出的整个眉形，必须兼顾本人的年龄与脸型。三是在描眉时，要对逐根眉毛进行细描，而不要一画而过。四是要使眉形具有立体感，因此在描眉时通常都要在具体手法上注意做到两头淡，中间浓；上边浅，下边深。

(3)施眼影。施眼影的主要目的是强化面部的立体感，并且使化妆者的双眼显得更为明亮传神。施眼影时，有两个问题应当注意：一是眼影的颜色。过分鲜艳的眼影，一般仅适用于晚妆，而不适用于工作妆。对中国人来说，化工作妆时选用浅咖啡色的眼影，往往收效较好。二是要施出眼影的层次感。施眼影时，最忌没有厚薄深浅之分。若注意使之由浅而深，层次分明，将有助于强化化妆者眼部的轮廓。

(4)画眼线。画眼线的最大好处是可以让化妆者的一双眼睛生动而有神采，并且更富有光泽。画上眼线时，应当从内眼角朝外眼角方向画；画下眼线时，则应当从外眼角朝内眼角画，并且在距内眼角约三分之一处收笔。应重点强调的是，在画眼线时，特别要重视笔法。最好是先粗后细，由浓而淡，要注意避免将眼线画得呆板、锐利。画完之后的上下眼线，一般在外眼角处不应当交合。上眼线看上去要稍长一些，这样才会使双眼显得大而充满活力。

(5)上腮红。上腮红是指化妆时在面颊处涂上适量的胭脂。上腮红的好处是使化妆者的面颊更加红润，面部轮廓更加优美，并且显示出健康与活力。在化工作妆时上腮红需要注意四点：一是选择优质的腮红，若其质地不佳，便没有好的化妆效果。二是使腮红与唇膏或眼影属于同一色系，以体现妆面的和谐之美。三是使腮红与面部肤色过渡自然。正确的做法是，以小刷蘸取腮红，在颧骨下方，即高不及眼睛、低不过唇角、长不到眼长的二分之一处，略做延展晕染。四是扑粉进行定妆。在上好腮红之后，应以定妆粉定妆，以便吸收汗水、皮脂，并避免脱妆。扑粉时不要用量过多，并且不要忘记在颈部也要扑上一些。

(6)涂唇膏。化妆时，唇部的地位仅次于眼部。涂唇膏既可以改变不理想的唇形，又可使双唇更加娇媚迷人。涂唇膏要注意三点：一是先以唇线笔描好唇线，确定好理想的唇形。唇线笔的颜色要略深于唇膏的颜色。描唇形时，嘴应自然放松张开，先描上唇，后描下唇。在描唇形时，应从左右两侧分别沿着唇部的轮廓线向中间画。上唇角要描细，下唇角则要略去。二是要涂好唇膏。以唇线笔描好唇形后，再涂唇膏。选择唇膏时，既可以选彩色的，也可以选无色的。但必须安全无害，一定要避免选用鲜艳古怪的颜色。涂唇膏时，应从两侧涂向中间，一定要使之均匀而又不超出早先以唇线笔画定的唇形。三是要仔细检查。用纸巾吸去多余的唇膏，并细心检查一下牙齿上有无唇膏的痕迹。

(7)喷香水。喷香水主要是为了掩饰不雅的体味，而不是使自己香气袭人。喷香水要注意四点：一是不应使之影响本职工作，或是有碍于人。二是宜选气味淡雅清新的香水，并使之与自己同时使用的其他化妆品在香型上大体一致。三是勿使用过量，避免产生适得其反的效果。四是应当将其喷或者涂抹于适当之处，如腕部、耳后、颌下、膝后等，而不要将它直接喷在衣物上、头发上或身上其他易出汗之处。

化妆不但要掌握一定的方法，还要掌握化妆的礼节。化妆的浓淡视时间而定，白天工作场合化淡妆，夜晚化浓妆、淡妆都适宜。注意，不能在公共场所里化妆，在众目睽睽之下化妆是非常失礼的。而且不要借用他人的化妆品，这样既不卫生又不礼貌。

化妆四大禁忌

在化妆时必须谨记以下禁忌：

(1)不能在公共场所化妆。化妆属于个人隐私，在大庭广众、众目睽睽之下化妆是非常失礼的行为，如果确实需要化妆或者补妆，也应该选择隐蔽之处进行。另外，在许多国家，单身女子在饭店、舞厅、街头等场所化妆、补妆，往往会被视为风尘女子。

(2)化妆不应妨碍他人。有些人将自己的妆化得过浓、过重、香气四溢，令人窒息。这样的装扮不仅不能达到美化面容的效果，反而会让他人心生不快。

(3)不要借用他人的化妆品。每个人面部的情况都不一样，为了防止传播皮肤疾病，最好不要借用别人的化妆品。另外，如果在别人不愿意的情况下强行借用人家的化妆品，也是一种非常不礼貌的行为。

(4)不要轻易评论别人的妆容。无论是当面还是背后，随便评论别人的妆容都是一种极不礼貌的行为。更何况不同的国家、民族和地区都有着各自的文化差异，审美眼光不尽相同，化妆的方式也会存在一些区别。如果随便评论别人的妆容，不仅会让对方感到难堪，还有可能因为不了解文化差异而引起他人的厌恶和不满。

任务二 仪表礼仪

美国著名行为学家迈克尔·阿盖尔曾经做过一个有趣的实验：当他西装革履，风度翩翩地出现在某市的一个地方时，所有向他问路、问时间的人，大多数是彬彬有礼的人；当他破衣烂衫、蓬头垢面地再次出现在这个地方时，接近他的多半是流浪汉、无业游民等。

日本著名推销大王齐藤竹之助在他的著作《高明的推销术》中说："服装虽不能造就完人，但初次见面给人的印象有90%产生于服装。"世界著名心理学家肯利教授通过调查发现，在中学生的记忆中，衣着最重要，即使在多年之后他们已经想不起朋友们当时的容貌，可对他们当时"穿什么"却印象十分深刻。

随着社会的发展，人们的穿着已经不再仅仅是个人的事情，它更关系到我们的人际交往。为了让大家认识到服饰在人际交往中的重要作用，我们先来读一下英国历史上第一位女首相撒切尔夫人的故事。

【礼仪小故事】

服饰是事业成功不可缺少的要素

撒切尔夫人对自己的服饰非常讲究。在她身上，没有一般女人的珠光宝气和雍容华贵，只有淡雅、朴素和整洁。

从少女时代开始，玛格丽特就十分注重自己的衣着，但她并不标新立异、哗众取宠，而是力求朴素大方、干净整洁。在大学期间，她受雇于本迪斯公司。那时，她的衣着给人一种老成的感觉。因而，公司的人亲切地称她为"玛格丽特大婶"。每个星期五下午，她去参加政治活动时，都头戴老式小帽，身穿黑色礼服，脚蹬老式皮鞋，腋下夹着一只手提包。虽然有人笑话她打扮土气，但她却有自己独到的见解："这样的打扮能在政治活动中取得别人的信任，建立起自己的威信。"另外，她的衣服从不打皱，让人觉得井井有条是她一贯的作风。

也正是她这种严谨的作风，使得她能在政治斗争中一步一步沿着成功的阶梯攀至权力之巅，被冠以"铁娘子"的称号。

一个人所穿的服饰往往能传达出他的个性、气质、涵养和审美情趣等多方面的信息。尤其是在社交场合，服饰就好比是一张最便捷的人际交往“名片”，它直接影响着人际关系的和谐。因此，我们应该学会运用服饰这一武器来“武装”自己，帮助自己获得成功。

然而在现实生活中，并不是每个人都能恰当地选择一些真正适合自己的服饰，正像著名画家达·芬奇所形容的那样：“你们不见美貌的青年穿戴过分反而折损了他们的美吗？你们不见山村妇女穿着朴实无华的衣服反而比盛装的妇女美得多吗？”服饰搭配既是一门学问，也是一门艺术，学习些服饰礼仪知识对于我们来说是非常必要的。

都是形象惹的祸

小刘是一位热情活泼的女孩，工作也非常认真负责，可不知为什么，她在公司的发展却不如其他的同事。她觉得很委屈，于是就向同事小李吐露了自己的烦恼。

“这都是你的形象惹的祸！”小李直言不讳地说道，“你看看办公室的其他人，男士们都穿着整洁的、颜色单一的衬衫和西裤，女士们都穿着颜色优雅的套裙，他们给人的感觉是那么精明、干练。而你呢？上身穿着一件时髦的吊带小背心，下身穿着露脐的牛仔裤，脸上还化着这么浓的妆。你的这身装扮在大街上是很时髦的，可是在办公环境中，却是那么不协调，根本就不像个职业人士。别人又怎么会认可你呢？上司又怎么会对你委以重任呢？”

小刘看看身边忙得不可开交的同事，再看看自己的这身打扮，脸不知不觉就红了。后来，小刘非常注意自己的形象，她也很快得到了提升和重用。

一、着装礼仪

为了更好地学习着装礼仪，我们最好先了解服饰的分类，服饰由服装和饰物所构成。一般来说，服装可以分为礼服、正装、运动装、便装等；饰物则包括项链、帽子、发夹、围巾、腰带、领带、提包、胸花、眼镜、手套和手表等。服装的种类如此繁多，怎样才能按照礼仪要求来选择适合自己的服装呢？一般来说，在选择服装时，应该尽可能地遵循以下几个原则。

1. 时间原则

时间原则要求我们在选择服装时必须考虑时代、季节、年龄的特点。

首先，服装是有时代性的，我们的穿着打扮应该顺应时代的潮流和社会的发展。例如，在20世纪30年代，人人都热衷于穿旗袍，旗袍几乎成了中国女性的标准服装，甚至成了当时交际场合和外交活动的礼服；而男子则普遍穿长袍马褂、对襟开衫。可在当今社会，对于女性来说，旗袍已经不那么流行了，也很难再看到有哪位男士依然穿着长袍马褂，相反，西装却成为男士出席正式场合时的首选着装。

其次，着装还应该考虑到季节。例如，在炎热的夏季，应该穿些色彩清淡、透气性好、面料薄些的衣物；冬天要穿面料厚一些的，能够御寒、保暖的衣物。另外，还要根据白天或晚上的不同需要来选择服装。通常，白天户外活动或非正式活动较多，可以穿一些轻便、舒适、便于运动的衣服；晚上因宴会、舞会等活动比较多，服装应该穿得正式、隆重一些。

最后，年龄也是着装时要考虑的一个非常重要的时间要素。无论是年轻人还是老年人，都有权利打扮自己，但是一定要注意，不同年龄的人有不同的穿着要求，着装要和自己的年龄相协调。对于年轻人来说，适合穿一些颜色亮丽的服装，这样显得活泼、随意一些，可以充分地体现出年轻人朝气蓬勃、积极向上的青春之美。而中老年人的着装则应该整洁、庄重、雅致一些，能够体现出年轻人所没有的成熟和稳重之美。

切勿轻易模仿他人

某商务代表团到外地开会，当地某政府机构的一位女公务员负责接待他们。该女士为了效仿同单位几个年轻女孩的穿着，上身穿了件带有卡通图案的上衣，下身穿了一条十分花哨的七分裤。

当代表团的成员们见到这位四十多岁的女士时，不禁面面相觑，暗想："她怎么穿了一身童装啊?"

分析：在选择服装时，如果不顾实际年龄和自身的特点，一味地模仿别人，挑选不适合自己的衣服，很可能会引起他人的误解。我们可以试想一下，如果一个十八九岁的妙龄少女，总是穿一些看上去老气横秋的深色服装，说不定会让人误以为她是年近三十岁的女性；而如果一个上了年纪的妇女仍然穿着露脐装、超短裙，大摇大摆地走在大街上，就可能让路人"侧目"了。

2. 协调原则

着装的最基本原则是能够体现出"和谐美"。为了达到这一目的，在选择服装时应既要讲究色彩的搭配，又要注意使服装与自己的身份以及所处的场合、环境等相协调。

(1)服装的配色方法及原则

有人说："着装的成功在于搭配，着装的失败也在于搭配。"服装的色彩在人的知觉中是最敏感的，它在很大程度上决定着我们着装的成败。了解色彩及其搭配知识，不仅有助于美化我们的生活，还有利于提高我们的礼仪素养。

刘逸新在《礼仪指南：成功者遵循的礼仪准则》一书中提出，不同的色彩有不同的象征意义：

黑色：象征神秘、悲哀、静寂、死亡、刚强、坚定、冷峻。

白色：象征纯洁、明亮、朴素、神圣、高雅。

黄色：象征炙热、光明、希望、高贵、权威。

大红：象征活力、热烈、激情、奔放、喜庆、爱情、革命。

粉红：象征柔和、温馨、温情。

紫色：象征高贵、庄重、优越。

橙色：象征快乐、热情、活力。

褐色：象征谦和、平静、沉稳、亲切。

绿色：象征生命、新鲜、青春、新生、自然、朝气。

浅蓝：象征纯洁、清爽、文静、梦幻。

深蓝：象征自信、沉静、平稳、深邃。

灰色：象征中立、和气、文雅。

以上提到的这些色彩中，灰色、黑色和白色是最基本、最安全的颜色，它们几乎可以和任何颜色相配，并且能取得较好的效果。下面介绍两种最基本的服装配色方案。

第一，对比色搭配。在配色时，我们可以选择一些明暗或冷暖相反的色彩进行搭配，使色彩之间形成鲜明的对比，更能突出穿衣者的个性，例如，黑色与白色、青色与橙色等颜色搭配。但是我们在实际穿衣服的时候，不能为了凸显自己的个性，犯了颜色搭配的禁忌。

红配绿的后果

小文大学毕业后，在一家物流公司做了文员。她一直是一个不爱打扮自己、不太注重个人形象的人，在穿衣服时也总是选择一些颜色暗淡的灰色或棕色。办公室里的年轻人都不太爱接近她或跟她说话，因为大家觉得她的穿着打扮让她看起来不像是一个充满活力、容易亲近的年轻人。

小文意识到这个问题后，决定好好修饰一下自己。可是第二天，当她披着新烫的大波浪，穿着大红的毛衣和绿色的休闲裤站在同事们的面前时，大家立刻皱起了眉头，更加不愿意和她说话了。小文觉得非常困惑。

后来，有一个同事告诉她，红色和绿色搭配在一起是服装搭配的禁忌，将这两种颜色都穿在身上，会显得没有品位。

分析：红和绿、黄和紫等相互排斥的颜色，多年来一直都是服装搭配的禁忌，一旦搭配不好，就会使整个人显得“不协调”，怎么看都觉得别扭。因此在使用对比色进行搭配时，一定要注意这些禁忌，千万不要犯像小文一样的错误。

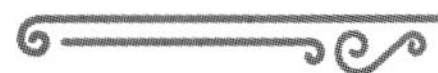

第二，相近色搭配。在配色时选择两个比较接近的颜色或是选择深浅、明暗不同的同一类颜色进行搭配，如藏青色配天蓝色、深蓝色配浅蓝色、深灰色配浅灰色等。这种搭配给人的感觉是柔和、文雅，也能凸显出一种和谐美。

【礼仪小故事】

切莫忽略“三色原则”

一位企业家去会见来考察的一位德国同行。当时，他上身穿着深蓝色的西装和黄色的衬衫，着大红色的领带，脚下穿着一双白色的皮鞋，手里提着一个咖啡色的公文包。德国同行一见到他，脸上就立刻流露出了不高兴的表情，没谈几句就起身告辞了。后来他才知道，因为他的服装色彩搭配不当，让这位德国同行觉得自己没有受到应有的尊重，所以才导致这次交往的不愉快。

一般来说，在正式场合，无论男女，着装皆应遵循“三色原则”，即身上的颜色，从上到下、从里到外，包括鞋、袜、包和配饰等，在总体上一般不能超过三种颜色，否则就会显得杂乱无章，有失庄重。尤其在国际交往中，男士在穿西装的时候，鞋子、腰带、公文包应该是一种颜色，而且应当首选黑色。

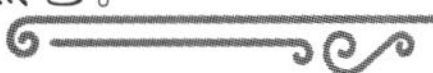

有人说，如果想知道一个女人的品位如何，只需看看她的衣柜。如果里面五颜六色，至少说明她审美水平不高；一个有品位的女人，衣柜里一般不超过三种颜色，而且绝不是红、黄、蓝三种颜色，而是具有品格风范的白、黑、灰，因为这三种颜色最能代表内敛的品质。

著名礼仪与公共关系专家金正昆教授称自己有一个习惯，那就是当一个人穿着西装，打着领带向他走过来时，他喜欢把这个人身上的颜色数一数。他的经验是：三种颜色一般是懂规矩的，四种颜色一般是不太懂规矩的，五种颜色以上肯定是不懂规矩的。

因此，我们在进行服装色彩的搭配时，为了达到整体上的和谐美，千万不能忽视“三色原则”。

【礼仪小贴士】

利用服装搭配巧妙弥补身材的不足

身材丰满者不宜穿质地厚重的衣服，如厚毛衣会使人显得更加臃肿；也不可选择过于宽松的款式，而应该以轻薄合体的服装为宜。另外，上衣应选择尖形领口和长过臀部的款式，下身则以直裤为最佳选择。

瘦人不适合穿竖条纹的服装，可以选择横向条纹或浅色的服装。服装的款式以短上衣搭配百褶裙或八片裙、肥腿裤等为最佳，力求形成曲线美，而不至于看上去像竹竿一样。

身材娇小者不宜穿大格子图案和宽松的长裙，因为大格子图案与宽松的长裙都会使人显得更加低矮。最好选择小花图案或单色的合体服装，比如窄裙、瘦长裤等，都可使身材显得修长。

腿部较粗的人，一定不要选择瘦窄的裤子或弹力裤，以免暴露缺点。长裙、肥腿裤加上半高跟或高跟鞋，可加长腿的长度，减弱腿型的缺陷。腿部较短的女士，应以短上衣搭配背心裙来修正腿长，且应尽量采用高腰的设计款式，最好不要选择裤装。而男士修正腿型的办法是选择长上衣、窄腿裤，尽量掩饰腰部和臀部的位置。

胖人如欲隐藏肚子，最好选择深色系列的服装，而领部可以选择亮丽的领带、装饰花结和鲜艳的丝巾等，以吸引别人的视觉焦点。

臀部宽而丰满者，应选择长衫、宽松的长外衣和长风衣，切忌强调臀部的曲线。女士不可选择短上衣、瘦腿裤。总之，要加长上衣的长度，隐藏臀部，形成长而完整的线条是最佳方案。

(2)服装要与自己的身份和所处的场合相协调

除了在服装的色彩搭配上要注意协调，体现出“和谐美”之外，在选择服装时，我们还要兼顾自己的身份和所处的场合。

第一，选择服装要注意自己的身份，不同的身份有着不同的着装要求，这一点对于每个人来说都非常重要。如今很多学校也开始针对学生的仪容、仪表制定一些规范和要求。

【礼仪小贴士】

武汉某中学学生仪容、仪表要求细则

为加强学校管理，正确引导和教育学生，规范学生的仪容、仪表，培养学生健康的审美情趣和穿着心理，养成良好的生活习惯，体现青年学生朝气蓬勃、积极向上的精神风貌。根据新《中学生守则》和《中学生日常行为规范》的有关规定，以及我校的具体情况，特制定我校中学生仪容、仪表规范要求。

仪容、仪表基本要求：整洁、朴素、大方、得体和适时，符合中学生身份。

仪容、仪表具体要求：

(1)男同学不得留长发，不得剃光头，不得染发、烫发，不理碎发，做到前不扫眉、旁不遮耳、后不过颈，不留怪发型。

(2)女同学要求理运动短发或扎马尾辫，前额刘海儿不过眉，不涂脂抹粉，不画眉毛，不画眼线，不抹口红，不涂指甲油，不得披发、散发、烫发、染发，不理碎发，不梳怪发型，不穿高跟鞋进校园。

(3)穿戴整洁、朴素、大方，不穿拖鞋，不穿奇装异服，不盲目追求名贵服饰，不得在校服上乱涂乱画。女生不得穿露背装、露脐上装和超短裙等，不穿过分暴露的衣着。

(4)不得佩戴耳环、项链、戒指、手镯、手链等饰物。男女生均不得戴护身符。腰间皮带上不许带饰品(玉佩、绳结等)。

在日常生活中，我们经常会看到有些学生身着奇装异服，打扮得完全没有学生该有的样子；还有些学生盲目追求时尚和名牌，把精力过多地放在服饰攀比上。对于青少年学生来说，着装应着重体现出自己所独有的青春气息，以朴素、整洁、清新、活泼为宜。倘若因过分追求夸张、新潮的服装而破坏了青春的朝气，是一件得不偿失的事情。学生大部分的时间都是在学校度过的，如果学校要求学生穿校服，那么学生也就不必费心地去挑选衣服；如果不需要穿校服，那么就应选择一些符合自己身份的服装，无须有过多的装饰，只要干净、整洁、舒适，能够体现出青少年蓬勃向上的精神状态，有利于日常的学习和体育锻炼即可。另外，在课余时间，学生可以让自己的爱美之心稍稍释放一下，穿上一些美丽、时尚的衣服。当然，过分夸张的造型或走另类路线仍是不可取的。

对于教师来说，着装应庄重、整洁、朴实，最好不要穿无袖、无领的衣服；对于政府工作人员来说，穿着要庄重，不能过于时髦而给人以轻浮的感觉；对于演员或其他从事艺术工作的人来说，则可以根据自己的职业特点，穿得时尚、有个性一些。

第二，不同的场合对服装的要求也是不同的，为了着装得体，我们还要了解在不同的场合应该选择什么样的服装，以避免着装不当带来尴尬。

【礼仪小故事】

程冰如遭遇尴尬

程冰如遭遇了着装带给他的尴尬，那次境遇让他深刻地认识到一个道理：穿衣服确实不能忽视场合。

当时，别人邀请他出席自己胞兄的画展，并嘱咐他一定去帮忙“捧场”。程冰如如约到达了展厅，只见展厅里人来人往，熙熙攘攘，每个人的装束都非常得体大方，这让程冰如觉得自己的一身打扮实在是有失体面。

直到现在，程冰如回忆起当时的情景还感慨不已：“我身边的几位老总穿得都很得体，他们穿着精致的西装，头发抹得油光光的，整齐得能看出梳子在头发上划过的痕迹。可我呢，尽管西服料子不错，也合体，但是这身衣服穿了一个星期都没离身，裤线早就没了，上衣的兜口老是张着。领带又恰巧忘了戴。脚下一双皮鞋更显得寒酸，因为我穿着它已经走了整整一个星期。不亮不说，整双鞋都走了形，像两个大鲸鱼头一样套在脚上。”

程冰如说他感到了一种不自在，一种被环境隔离开来的不自在。更让他感到不自在的是很多人都认识他，这个过来同他握手，那个上前与他交谈，问这问那，他则答非所问，因为脑子里一直在想着自己不得体的衣着……

从那以后，为了保持完美的个人形象，在人际交往中不失礼于人，程冰如非常注意在不同的环境、不同的场合下的服装穿着和装饰物的搭配，再也没有遭遇过类似的尴尬。

上面的故事告诉我们，只有根据不同的场合选择服装，才能通过适宜的穿着、打扮达到我们想要的交际效果。一般来说，我们可以将场合分为工作场合、社交场合、运动场合和娱乐场合等。

(1)工作场合。工作时间的着装应该整洁、端庄、稳重、大方，给人以庄重感和愉悦感。一般来说，最好挑选一些款式简单、干净整洁的正装，男士的正装多是西服配皮鞋，女士则以西服裙装配高跟鞋为主。

(2)社交场合。在比较正式的社交场合，男士应穿深色的、质地好的西装，并搭配与西装颜色相协调的领带或是领结；而女士一般需要穿做工精细、合体的礼服，并根据服装的颜色来选择一些大方得体的饰品或是手袋。

(3)运动场合。运动时的着装有一个基本的要求，就是便于活动。由于运动项目的不同，运动装的质地和款式也各不相同，并且，许多运动项目都有着自己的着装要求，比如骑马有专门的骑马装，打网球、高尔夫球等也各有专门的装束。

(4)娱乐场合。像参加音乐会、观看歌剧等比较正式的娱乐活动，对着装的要求也较为严格，在国外一般要着正装。而在一些比较休闲的娱乐场所，如歌厅、舞厅等，则可以选择一些比较轻松、舒适的便装，此时如果穿着过于死板、严肃，就与周围的气氛格格不入了，甚至很有可能会被视为异类。

另外，在现实生活中还有很多比较特殊的场合，对服装的要求也不尽相同。例如，在出席喜庆的场合时，着装的颜色应该鲜艳一些、活泼一些；在出席丧葬活动时，着装的颜色应该朴素、庄重一些。对此，我们要学会变通。

着装失败影响事业

李丽是一位投资顾问，她专业知识扎实，思维活跃，又有着良好的学历背景。可每当她为客户提供服务时，客户却不太重视她的建议，她也就没有机会发挥自己的才能。

后来，一位时装设计师发现李丽在着装方面存在着很明显的缺陷：李丽27岁，身高155cm，体重55kg。因为个子娇小，看上去机敏可爱，所以她总是穿一些活泼、可爱的衣服，把自己打扮得像个十几岁的小女孩。正因为她的外表和她所从事的工作有着很大的差距，所以客户对她所提出的建议缺乏安全感和信赖感，她的意见也就很难被接受。

分析：如果作为同事，你能为李丽提供一些比较符合她的身份和职业的着装建议吗？请认真思考一下这个问题的答案，比一比，互相探讨，看谁的建议最符合规范。

【礼仪小贴士】

穿衣的20条基本法则

(1)由浅入深，穿衣有三层境界：第一是和谐，第二是美感，第三是个性。

(2)聪明、理智的你买衣服时可以根据下面标准进行选择，不符合其中任何一个都不要掏钱包，即你喜欢的、你适合的、你需要的。

(3)经典很重要，时髦也很重要，但不能忘记的一点是匠心独具的别致。

(4)选择衣服和选择伴侣一样，适合自己的就是最好的。

(5)不要太注重品牌，这样往往会让你忽视了内在。

(6)衣服可以打造女生的身体曲线，其中最美的依然是"X"形，它能衬托出女性苗条、修长的身段，充分展现女性魅力。

(7)应该多花点时间和精力在服饰搭配上，不仅能让你用10件衣服穿出20款搭配，还能提高自己的品位。

(8)即使你的衣服不是每天都洗，但也要在条件允许的情况下争取每天都更换，两套衣服轮流穿一周比一套衣服连着穿3天更加让人觉得你整洁、有条理。

(9)重视配饰，衣服仅仅是穿着的第一步，注意留出配饰的空间，认为配饰可有可无的人是没有品位的。

(10)没有所谓的流行，穿出自己的个性就是真正的流行。

(11)无论在色彩还是在细节上，相近元素的使用虽然安全但不免平淡，适当运用对立的元素，巧妙结合，会有事半功倍的美妙效果。

(12)优雅的衣着有温柔的味道，但对向往成熟韵味的女生来说，最重要的是体现高贵和冷静。

(13)时尚发展到今天，其成熟已经体现为完美的搭配而非单件的精彩。

(14)闪亮的衣饰在晚宴和派对上将会永远风行，但全身除首饰以外的亮点不要超过两个，否则还不如一件都没有。

(15)一件品质精良的白衬衫是你衣柜中不能缺少的，没有任何衣饰比它更加能够千变万化。

(16)每个季节都会有新的流行元素出台，不要盲目跟风，让自己变成潮流播报员，这样反而失去了自己的风格。关键是购买经典款式的衣饰，衣饰要耐穿、耐看，同时加入一些潮流元素，不至于显得太沉闷。

(17)如果选择做工精良的保暖外套，里面则应当搭配轻薄的毛衣或衬衫，这样的国际化着装原则将会越来越流行。

(18)黑色是都市永远的流行色，但如果你气色不是很好则最好避免，加入灰色等颜色，这些颜色既亮丽又不会太突兀，不挑人，是合适的选择。

(19)寻找适合自己肤色的色彩，一定要注意服饰是穿在自己身上的，而不是白色或黑色的模特衣架。

(20)逐步建立自己的审美方向和色彩体系，不要让衣橱成为色彩王国。选择白、黑、米色等基础色作为日常着装的主要色调，而在饰品上活跃色彩，有助于建立自己的着装风格，给人留下深刻的印象，由于色彩上不会冲撞，也可以提高衣服间的搭配指数。

二、饰物礼仪

饰物能够对人的整体形象起到很好的美化和装饰作用，因此深受各界人士的喜爱。但是，各种饰品的佩戴也必须符合一定的礼仪规范，才能展示个人魅力。

1. 注意搭配协调

在佩戴饰物时，一定要使它们与我们的整体装扮相协调，就连细微之处也不能马虎，否则就很可能会弄巧成拙，贻笑大方。

饰品再小也不可随意佩戴

一位女推销员工作非常认真，可是销售业绩却一直不大理想。经过一番深入调查之后，她找到了自己事业失败的原因。原来，在平时的生活和工作中，她经常穿一些颜色比较深沉的套装，并且总是提着一个男性化的公文包。而且，她非常喜欢一些小饰品，为了点缀自己，她总是戴一些长长的耳环和走起路来叮当作响的手镯。没想到，这些饰品跟她平时的着装搭配在一起如此不协调，大大破坏了她在客户心中的形象。

后来，她接受了别人的建议，对自己的服装和饰品进行了一番改造。她改穿色彩比较素雅的套装，换了一个女性化的皮包，取下了吊坠式的耳环和手镯，改戴一些小巧含蓄的耳钉。在选择耳钉时，兼顾自己所穿的服装的色彩、质地和款式，努力使它们在风格上保持一致。经过改变之后，她给人的感觉既美观又大方，并且很有亲和力。最值得高兴的是，着装的这一变化使她的业绩得到了很大的提高。

2. 数量以少为佳

著名外交官顾维钧的夫人黄蕙兰在《没有不散的宴席：顾维钧夫人回忆录》中是这样描述正在美国进行公关工作的宋美龄的："她经常穿一件长长的中式旗袍。她有珠宝首饰，但她很精明，从来不戴。人们见到她戴的，最多是枚不起眼的普通别针或一只戒指。罗斯福总统执政期间，宋美龄备受青睐。"

相对于服装而言，饰物对个人的形象主要起辅助、烘托和陪衬的作用，因此在佩戴时要力求简单，在数量上以少为佳。如果需要同时佩戴多种饰物，在数量上也不要超过三种，否则就会给人以凌乱之感。另外，除耳环外，同类首饰的佩戴最好不超过 件，必要时甚至可以一件饰物也不戴。

穿戴俗气惹人厌

晓晓在一家广告公司工作。她常常花上几百块钱买回一堆造型新颖、个性十足的饰物，仿金、镀金、天然或是人工合成材料的，千奇百怪、应有尽有。另外，还有一些会发光的胸针、会唱歌的项链、保健戒指等，这些饰物样式繁多，颜色上更是绚烂夺目。

可是，晓晓却不大会打扮自己，她总是觉得饰物戴得越多就越漂亮。她的耳朵、脖子、手指、衣服上，到处都戴满了闪闪发光的"宝贝"。可没想到她的这身装扮，让同事们觉得她特别俗气、没有品位，大家都不愿意和她交往。

虽然琳琅满目的装饰品常常令我们爱不释手，但是再好看的东西也不能一股脑儿地全往身上戴。饰物的佩戴只有适当的点缀才能起到良好的衬托作用。在佩戴饰物时，我们必须遵循简洁明快、在数量上以少为佳的原则，否则就会显得俗气。

3. 注意礼仪和风俗习惯

首先，很多饰物都有着丰富的象征意义，不同的地区、民族，在佩戴饰物的习惯上也不尽相同。因此在佩戴饰物时，我们要特别注意，千万不可因一时的疏忽而违背了它们的象征意义，成为别人的笑柄。例如，戒指戴在不同的手指上，所表示的含义也是不同的：

(1)戒指戴在食指上，表示尚未婚恋。

(2)戒指戴在中指上，表示已在恋爱中。

(3)戒指戴在无名指上，表示已订婚或结婚。

(4)戒指戴在小指上，表示已离婚或主观上自愿独身。

【礼仪小故事】

代我向你的先生问好

张丽中专毕业以后被分配到某公司做文秘。有一次，在接待客户时，领导让她照顾一位华侨女士。分别时，华侨对张丽热情周到的服务感到非常满意，留下名片，并认真地对她说："谢谢！欢迎你到我们公司做客，请代我向你的先生问好。"张丽愣住了，因为她根本就没有男朋友。可是，那位华侨也没有错，她之所以这么说，是因为看见张丽的左手无名指上戴着一枚戒指。

其次，除了戒指之外，许多饰物都有着一定的礼仪规范。比如在正规的社交场合，手表往往也会被看作首饰，它体现着一个人的身份、地位以及财富状况。如果男士在正式场合佩戴手表，往往会引人注目。而正式场合所佩戴的手表，在造型上要庄重、保守，不可太过怪异、新潮。特别需要注意的是，男士在和别人交谈时，不能有意无意地看表。否则对方会认为你对此次的交谈没有兴趣，可能会马上结束你们的谈话了。

最后，饰物的佩戴和着装一样，也要遵循与自己的身份、职业以及所处的场合相协调的原则，只有兼顾这些因素，才能真正展现出更完美、更和谐的自我，才能增强我们在社交活动中的吸引力。

【礼仪小贴士】

正确佩戴各种饰物

饰物主要指与服装搭配，对服装起修饰作用的其他物品，主要有领带、围巾、丝巾、胸针、首饰、提包、手套等。饰物在着装中起着画龙点睛、协调整体的作用。

胸针适合女性一年四季佩戴。一般来说，胸针应戴在第一、第二粒纽扣之间的平行位置上。

首饰主要指耳环、项链、戒指、手镯、手链等。佩戴首饰应与脸型、服装相协调。首饰不宜同戴多件，比如戒指，一只手最好只戴一枚，手镯、手链一只手也不能戴两个以上。多戴则显得庸俗。特别是工作和重要的社交场合，穿金戴银太过分是不合礼仪规范的。巧用围巾，特别是女士佩戴的丝巾，会取得非常好的装饰效果。

鞋袜的作用在整体着装中不可忽视，如果搭配不好，就会给人以头重脚轻的感觉。另外，在穿便装时，穿皮鞋、布鞋、运动鞋都可以。

男士饰物不宜太多，太多则会缺少阳刚之气和潇洒之美。一条领带，一枚领带夹，在某些特殊场合，在西服上衣胸前的口袋上配一块装饰手帕就够了。而西服、正式套装则必须配皮鞋。男士皮鞋的颜色应以黑色、深咖啡色或深棕色为宜，黑色皮鞋适合于各色服装和各种场合，而白色皮鞋则在穿浅色套装时才可发挥作用。在比较正式的社交场合，男士的袜子应该是深色的，黑色、蓝色、灰色都可以。女士的皮鞋以黑色、白色、棕色或与服装颜色一致或同色系为宜。

社交场合下，女士穿裙子时一般应该选择肉色的丝袜来与之搭配，深色或花色图案的袜子都不太合适。长筒丝袜口与裙子下摆之间不能有间隔，不能露出腿的一部分，那样看上去会很不雅观，不符合服饰礼仪的规范。另外，最好不要穿有破洞的丝袜。

总之，饰物的选用也应遵循时间、地点、场合原则，最重要的是以“和谐”为美。

知识巩固与礼仪训练

一、知识判断

1. 容貌之美可能来自天生的赐予，而心灵之美需要后天的修炼。 (　　)

2. 日常交往中拥有外貌美是最重要的。 (　　)

3. 用微笑对待客户会赢得客户的好感。 (　　)

4. 文质彬彬，彰显君子风度；秀外慧中，打造淑女气质，这样才能驰骋商场。 (　　)

5. 日常交往中，站姿、坐姿、走姿可根据自己习惯、喜好随意表现。 (　　)

6. 在社交场合与人见面时，女士站姿应双肩平正，双臂自然下垂，双手可合拢放于胸前；入座要稳、要轻，如身着裙装，应用手背将裙子稍拢一下，不要坐下来再站起来整理。 (　　)

7. 社交场合，男士坐下后，双腿要并直，目视前方，双手可搭放在腿上，但不宜整个身子陷入沙发椅。 (　　)

8. 社交场合，女士坐下后，身体不能全部坐在椅子上，但也不能只坐边沿，以坐满三分之二为宜。 (　　)

9. 西装是社交场合男士穿着最多的服装，西装扣子怎么系很有讲究，两粒扣的单排西装，最好只系上面的扣子。 (　　)

10. 穿单排扣西装时，为了突出男士的风度，西装上的扣子应该全部解开。 (　　)

11. 穿着整洁的职员比穿着不整洁的职员的业绩要高出很多。 (　　)

12. 通过着装，往往能看出你属于哪一类人，它们代表着你的个性。 (　　)

13. 商务人士的衣服穿到很旧了才应买新的。 (　　)

14. 无论从事何种类型的工作，发型都可以坚持多年不改变。 (　　)

15. 在多数国家，因赶时间而穿拖鞋去上班是可以的。 (　　)

16. 可以将白袜子和黑皮鞋混搭去与客户见面。 (　　)

17. 珠光宝气、香气袭人地去与客户见面。 (　　)

二、礼仪训练

1. 组织一次形象诊断活动，包括自我诊断、相互诊断和集体诊断。

(1)自我诊断。请每位学生对自己的着装配饰进行自我诊断，然后选出代表上台进行剖析。

(2)相互诊断。以 2 人为一组，相互对对方的着装配饰进行判断，然后指出对方的适宜和不妥之处。

(3)集体诊断。对全体学生着装配饰上共同存在的优点和问题进行集体诊断，并针对问题提出改进建议。

2.“现场体姿秀”。以 5 人为一组，在小组内进行站、坐、走姿演练，然后各组选派代表或全组成员上台进行“现场体姿秀”表演，每组限时3分钟。

三、案例评析

总统的拒绝理由

林肯的一位老朋友听说林肯在招募下属，便向他推荐了一个人。见面这天，林肯准时来到约定的酒店，但朋友介绍的人却迟到了，这个人到来后，只见他穿着一件皱巴巴的旧西装，领带上面有星星点点的油渍，头发凌乱地披散着，鞋子上面沾满灰尘。这个人见了林肯，并没有表现出对总统起码的尊重，也没有向林肯表示迟到的歉意。

林肯虽然对眼前这个人很失望，但他还是礼节性地和他谈了一会儿话，谈话中林肯明显感受到，此人虽然有一些才华，但过于骄傲和狂妄。于是，他礼貌地和这个人握手告别了。

朋友见到林肯，迫不及待地询问结果，林肯直率地说：“他不太适合做我的团队成员，并不是他的学识不够，而是他连最基本的礼仪都不懂，而且他的着装实在是太随意……”朋友有些不理解，林肯平静地说：“如果一个人在仪表上都不加修饰的话，那么他再有才华也不会给人好感，尤其是当人过了一定的年龄，就更应该注重他的个人仪表。我想，没有人愿意与一个言辞傲慢、衣着邋遢、不修边幅的人共事。”

思考

1. 认真阅读案例，指出林肯总统拒绝的理由。
2. 透过这个人的形象，评析在塑造形象时应具备的基本礼仪。
3. 结合案例，评析职场人士形象的内在美与外在美的关系。
4. 这则案例给你带来的启示是什么？

拓展阅读

生命的化妆

林清玄

我认识一位化妆师。她是真正懂得化妆，而又以化妆闻名的。对于这种生活在与我完全不同领域的人，我增添了几分好奇，因为在我的印象里，化妆再有学问，也只是在皮相上用功，实在不是有智慧的人应追求的。因此，我忍不住问她：“你研究化妆这么多年，到底什么样的人才算会化妆？化妆的最高境界到底是什么？”

对于这样的问题，这位年华已逐渐老去的化妆师露出一个深深的微笑。她说：“化妆的最高境界可以用两个字形容，就是‘自然’，最高明的化妆术，是经过非常考究的化妆，让人家看起来好像没有化过妆一样，并且这化出来的妆与主人的身份匹配，能自然表现那个人的个性与气质。次级的化妆是把人凸显出来，让她醒目，引起众人的注意。拙劣的化妆是一站出来别人就发现她化了很浓的妆，而这层妆是为了掩盖自己的缺点或年龄的。最差的一种化妆，是化过妆以后既扭曲了自己的个性，又失去了五官的协调，例如小眼睛的人竟化了浓眉，大脸蛋的人竟化了白脸，阔嘴的人竟化了红唇……”

没想到，化妆的最高境界竟是无妆，竟是自然，这可使我刮目相看了。化妆师看我听得出神，继续说：“这不就像你们写文章一样？拙劣的文章常常是词句的堆砌，扭曲了作者的个性。好一点的文章是光芒四射，吸引人的视线，但别人知道你是在写文章。最好的文章，是作家自然地流露，他不堆砌，读的时候不觉得是在读文章，而是在读一个生命。”

多么有智慧的人呀！“可是，到底做化妆的人只是在表皮上做功夫！”我感叹地说。“不是的，”化妆师说，“化妆只是最末的一个枝节，它能改变的事实很少。深一层的化妆是改变体质，让一个人改变生活方式。睡眠充足、注意运动与营养，这样她的皮肤改善、精神充足，比化妆有效得多。再深一层的化妆是改变气质，多读书、多欣赏艺术、多思考、对生活乐观、对生命有信心、心地善良、关怀别人、自爱而有尊严，这样的人就是不化妆也丑不到哪里去，脸上的化妆只是化妆最后的一件小事。我用三句简单的话来说明，三流的化妆是脸上的化妆，二流的化妆是精神的化妆，一流的化妆是生命的化妆。”

化妆师接着做了这样的结论：“你们写文章的人不也是化妆师吗？三流的文章是文字的化妆，二流的文章是精神的化妆，一流的文章是生命的化妆。这样，你懂化妆了吗？”

我为这位女性化妆师的智慧而起立向她致敬，深为我最初对化妆师的看法感到惭愧。

告别了化妆师，回家的路上我走在夜里，有了这样深刻的体悟：在这个世界，一切的表相都不是独立自存的，一定有它深刻的内在意义，那么，改变表相最好的方法，不是在表相下功夫，一定要从内在里改革。

可惜，在表相上用功的人往往不明白这个道理。

模块三 仪态礼仪

学习目标

- 在社交场合，能够以正确且优美的站姿、坐姿、走姿等塑造出良好的交际形象
- 在社交场合，能够正确遵循眼神、微笑、手势的礼仪规范要求，展现出大方自然的个性形象
- 杜绝各种不良行为

案例导入

金先生的失礼

风景秀丽的某海滨城市的朝阳大街，高耸着一幢宏伟的大楼，楼顶上“远东贸易公司”六个大字格外醒目。某照明器材厂的业务员金先生手拿企业新设计的照明器材样品，兴冲冲地登上六楼，脸上的汗珠未来得及擦一下，便直接走进了业务部张经理的办公室。“对不起，这是我们公司设计的新产品，请您过目。”金先生说。张经理停下手中的工作，接过金先生递过来的照明器，随口赞道：“好漂亮啊！”张经理请金先生坐下，倒上一杯茶递给他，然后拿起照明器仔细研究起来。金先生看到张经理对新产品如此感兴趣，如释重负，便往沙发上一靠，跷起二郎腿，一边吸烟一边悠闲地环视着张经理的办公室。当张经理问他电源开关为什么装在这个位置时，金先生习惯性地用手挠了挠头。虽然金先生做了详尽的解释，但张经理还是有点半信半疑。谈到价格时，张经理强调：“这个价格比我们的预算高出较多，能否再降低一些？”金先生回答：“我们经理说了，这是最低价格，一分也不能降了。”张经理沉默了半天没有开口。金先生却有点沉不住气，不由自主地拉松领带，盯着张经理。张经理皱了皱眉，问道：“这种照明器的性能先进在什么地方？”金先生又挠了挠头，吞吞吐吐地说：“造型新、寿命长、节电。”张经理找借口离开了办公室，只剩下金先生一个人，金先生等了一会儿，感到无聊，随手抄起办公桌上的电话，同一个朋友闲聊起来。这时，门被推开，进来的不是张经理，而是办公室秘书。

问题

1. 金先生的失礼表现在哪些地方？

2. 仪态在个人礼仪形象塑造中有何作用？

仪态不仅仅指人的举止和动作，还包括人的面部表情。它是一个人的人品学识、道德修养等内在气质的外在表现。英国哲学家培根说过："相貌的美高于色泽的美，而优雅合适的动作的美又高于相貌的美。"达·芬奇说："从仪态了解人的内心世界、把握人的本来面目，往往具有相当的准确性和可靠性。"

在人际交往中，仪态是一种极为重要、有效的交际工具，优雅的仪态可以透露出一个人良好的礼仪修养，为个人增加不少印象分，并能帮助我们赢得他人的尊重和认可，从而取得意想不到的成功。为了将自己塑造成一个姿态优雅、风度翩翩，能够得到他人的肯定和喜爱的人，我们应该从现在开始严格要求自己。

任务一　完美的仪态从举止开始

仪态的表现形式是多种多样的，举止就是其中的一种。在社交中，人的基本举止可以分为站姿、坐姿、走姿和手姿等。

一、站姿

站姿成为应聘者的考核难关

厦门某航空公司在杭州组织了一场为期两天的乘务员招聘会，招聘会吸引了来自吉林、黑龙江、河北等地近500多名男生前来应聘。

应聘者进入面试场，首先进行的是站姿考核。虽然前来应聘的男生们多数穿着白色衬衫、深色西裤，打着蓝色领带，显得帅气十足，但是站姿不够雅观。他们有的身体不正，或探头斜肩，或弯腰驼背，站得东倒西歪；有的双腿交叉或双手叉腰站着，似乎对周围的一切充满敌意；有的将双手放于裤袋中，显得特别不严肃；还有的东张西望……

一位现场的面试官说，站姿可以反映出一个人的基本素质，优美的站姿能够显示出一个人的自信，衬托出他良好的气质和风度，并给人留下美好的印象。优美的站姿应该是一名乘务员应该具备的基本素质。

据了解，在站姿这个环节中，被淘汰的应聘者竟高达70%。可见，站姿在这场考核中是何等重要。

在日常的学习、工作和生活中，站姿是非常引人注目的。它是一个人品格、修养的直观反映，是衡量仪态美的重要因素之一。

既然站姿对于我们而言如此重要，那么，怎样做才能使我们的站姿合乎礼仪规范呢？

1. 站姿的基本要领

一个人要想表现出得体、雅致的姿态，首先要从规范自己的站姿开始。我们经常说“站如松”，实际上是指我们站立的姿势应该像松树一样挺拔向上。而这也是对站姿的基本要求。要想达到这一要求就必须掌握以下几个要领：

(1)头正。站立时头部应微微抬起，双眼平视正前方，嘴微闭，下颌微微内收，颈部挺直。

(2)肩平。双肩保持平正，双臂自然下垂，男士一般将两手放于体侧，中指对准裤缝；女士也可将两手在腹前交叉，右手搭在左手上，然后再将双手轻贴在腹部。

(3)身正。站立时应挺胸、收腹、立腰，保持躯干挺直。两腿绷直，双膝用力并拢，脚后跟并拢，两脚呈“V”字形分开，形成 45°～60°夹角，身体重心落在脚掌、脚弓上。当站立时间较长，感到疲惫时，可以通过移动重心来减轻疲劳，但移动不可过于频繁。

另外，女士在站立时可以将右脚向前，将右脚脚跟靠于左脚内侧，呈丁字步。

一般来说，男士站立时应该挺拔向上，给人一种稳重、踏实的信赖感；女士站立应该亭亭玉立，展现出端庄、柔和之美。

奥运会颁奖礼仪小姐头顶书本练习站姿

2008 年北京奥运会上，为奥运会做引导和颁奖服务的礼仪小姐们以其靓丽的身姿和仪态，让世界宾客留下了对东方女性的最美好的记忆。可又有谁能够知道，为了承担赛事颁奖礼仪工作，她们付出了怎样的艰辛和努力呢？

这 300 多位姑娘大部分来自北京的 20 多所高校，其中还有 40 名是从 1200 多位上海姑娘中选拔出来的。她们身高 168cm～178cm，年龄 18～25 周岁，身材标准、匀称，无论从气质、体态、皮肤等方面，还是从综合素质上来看，都是“千里挑一”的佼佼者。可是，为了更好地服务于奥运会，这些姑娘们还需要接受一系列的奥运知识和礼仪知识培训。

这种培训和空姐的培训大致相同，不过要求更严格，每个细节都不容有丝毫马虎。为了让礼仪小姐在颁奖时身姿挺拔、步速到位、转身整齐、笑容自然，在培训的过程中，站姿、行走、转身、微笑等看似简单的动作，每天都要被分解练习成百上千次。

站姿是所有礼仪动作的基础。千万别小看了这个不起眼的站姿训练，它对手放在什么位置、腰弯到什么程度，都有严格、细致的要求。礼仪志愿者郝婧钰说："站姿可不像我们想象中的站着那么简单，每名礼仪志愿者必须穿着5cm的高跟鞋，头上顶一本书，两腿膝盖间夹着一张普通的白纸。一站就是一个小时，不论是书还是纸都不可以掉下来，否则就得重做。等到休息时，两条腿连打弯都特别疼。"

长时间的训练，让这些姑娘们都有点"走火入魔"了。礼仪小姐陈诗思说："有时候连上厕所我们都要按照礼仪小姐的走路姿势走出来。"另一位礼仪小姐李响称，严格的训练才能练出好形象。

也正是凭着这份坚韧和努力，这些礼仪小姐们最终以端庄秀丽、优雅动人的仪态成为奥运会场上另一道独特的风景。

2. 站姿禁忌

(1)切忌表现自由、散漫。站立时要"站有站相"，不可懒散地扶、倚、趴、靠在其他物品上，以免给人留下无精打采、自由散漫的不良印象。

(2)切忌身体歪斜。在站立时应避免出现歪脖、耸肩、含胸、驼背、屈膝、身体摇晃等不雅的姿态。在站着与人谈话时，不可将双手插在衣袋或裤袋中，更不可做出两手叉腰或是将双臂交叉放于胸前等含有进攻意味的姿势。

(3)切忌将双腿叉开过大。尤其是女性，在任何情况下都不能无所顾忌地将双腿叉开，以免有失庄重。

二、坐姿

坐姿是我们在日常生活、学习和工作中最常用的一种姿势，作为一种静态的举止，它同样有着一些特定的礼仪规范。坐姿端庄、优美，不仅会给人优雅、大方、稳重、冷静的美感，也能充分展示自身气质与修养。

被抖掉的财

有一位美国华侨，到国内洽谈合资业务，先后洽谈了好几次。在进行最后一次洽谈之前，他曾对朋友说："这一次，我要跟他们的最高领导谈，谈得好，就可以直接拍板了。"

过了两个星期，这位华侨回到了美国。朋友问他："那笔生意谈成了吗？"他说："没谈成。"朋友问其原因。他回答："对方很有诚意，谈话也进行得非常顺利。可是他们的最高领导坐在我对面谈判时，不时地抖动着他的双腿。让我觉得还没有跟他合作，我的财就被他'抖'掉了。"

不仅是学生，就连许多成年人也不太注意自己的坐姿。长此以往，不仅会对自己的身体造成伤害，还可能会影响人际交往和事业的成功。因此，我们有必要掌握一些关于坐姿的基本要领，并以此来规范自己的坐姿。

1. 坐姿的基本要领：端正、大方、舒展

(1)入座时。一般需从座位的左侧轻轻坐下，并注意将双脚对齐，落座时至少应坐满椅子的三分之二。女士如果着裙装，在入座时应该先用双手拢平裙摆，以防坐出褶纹或因裙子被坐住而使腿部裸露过多，然后再轻轻坐下。

(2)入座后。要求头正颈直，下颌微收，双目正视前方或者交谈对象；上身保持正直，挺胸收腹，双肩放松并自然下沉。男士可张开双腿而坐，但两腿之间距离最好不要超过肩宽，双手掌心向下放于膝上或大腿中前部，体现出男性的自信和豁达。女士则应将膝盖并拢，以体现其庄重。另外，如果端坐时间过长，感到疲惫，男士可以将双脚交叉或双腿稍向前伸；女士可将双膝并拢并将双腿斜放于身体左侧或右侧。总之，无论怎样变换姿势，都应该坐得端庄、自然、稳定，展现自己从容、稳重的风度。

2. 坐姿禁忌

不良的坐姿会给人一种粗俗、没教养的感觉。为了避免在社交中因为坐姿的不雅而引起他人的不快，在他人面前落座时，我们一定要遵守礼仪的基本规定，不能采用下列不雅的坐姿：

(1)身体歪斜、弯腰驼背、前俯后仰、东倒西歪等。

(2)两腿分开过大或者伸得很远、跷“二郎腿”或不停抖动双腿。

(3)双手不停地做小动作，如抠指甲、掰骨节等。

【礼仪小贴士】

四种不良坐姿需避免

不良坐姿一：蜷缩一团。

有的人坐下之后，喜欢弯腰曲背，佝偻成团，这种姿势会使脊柱向前弯曲，背肌受到牵拉。长期如此，腰背肌会因过度疲劳而造成损伤，脊柱也会失去正常的生理弯曲，导致活动功能和耐受力下降。

不良坐姿二：半坐半躺。

不少男性喜欢坐在较靠椅子前缘的位置，然后再将背部靠在椅背上，形成半坐半躺的姿势。此时腰部下面没有支撑物，腰处于悬空状态，腰部压力加重，容易受到损伤，也容易引起腰痛。

不良坐姿三：跷“二郎腿”。

很多人以为这样坐显得“有型有款”，殊不知这却是“有姿势，无实际”的坐姿。因为架起一条腿后，该侧臀部及大腿外侧的肌肉、筋膜会受到牵拉，导致过劳而形成慢性损伤，引起腰腿疼痛。同时，这样的坐姿也会使骨盆向一侧倾斜，引起腰痛。

不良坐姿四：单腿踩凳。

有的人一坐下就喜欢缩起一条腿，踩在椅子上，或是坐得歪歪扭扭的。这种姿势会使骨盆向一侧倾斜，腰部向一侧弯曲。时间长了，易造成腰肌劳损或其他损伤，包括腰椎错位、侧弯等。

三、走姿

走姿又称行姿，是在站姿的基础上展示人体动态美的一种重要形式。心理学家史诺嘉丝经过调查研究发现，一个走路时步子迈得很大、喜欢摆动手臂、步伐有力的人，通常是一个自信、快乐、待人友善以及拥有雄心壮志的人；而走路时步伐小或速度时快时慢的人则相反；喜欢支配别人的人，走路时习惯将脚向后踢高；性格冲动的人，会像鸭子一样低头快走；而拖着脚走路的人，通常表明他不快乐。

在日常的生活和各种交际活动中，走姿最能体现一个人的风度和活力，我们往往会根据一个人的走姿来判断他的精神面貌。

【礼仪小故事】

走路姿势差点影响了“天王”的面试成绩

据说，某著名演员在报考香港无线电视台艺员培训班时，差点因为自己的走路姿势影响面试成绩。

面试那天，他信心十足地来到考场。当时，参加面试的共有1000多人，而将被录取的只有40人左右。他是82号，他一走进考场，就看到里面端端正正地坐着3位考官。从他进门的那一刻起，这3个人就一直注视着他，让他不由得紧张起来。他站在指定的位置上，故作镇定地等待着考官们的提问。可谁知，3位考官并没有立即发话，而是相互间小声地商量着什么。过了一会儿，中间的主考官才对他说：“先生，对不起，你可不可以再从房门那边走过来一次？请留意你的走路姿势。”

考官的话让这位演员感到十分困惑，他心想：让我再走一次，留意走路的姿势，这是什么意思呢？难道走路的姿势也是考试的内容吗？他们这样要求，到底是认为我走路的姿势好，还是不好呢？我是否需要改变一下，走得更好一些呢？后来，他转念一想，他们考察走路的姿势，应该是在挑选演员，我报考的是编剧，跟走路又有什么关系呢？于是，他没有做任何改变，照着平常走路的样子又走了一遍。

他刚走完，中间的那个考官就问："先生，请问你从事什么职业？"

"学生。"他回答说。

"学习打铁吗？"另一个考官问道。

这句话让这位演员一下子呆住了，他暗想：这是什么意思啊？本来想和考官调侃几句，可他担心这样做不严肃，于是就认认真真地回答："不是，我是应届的中五毕业生。"

坐在中间的那位考官"哦"了一声，接着伸出手准备按他面前的铃铛。这位演员听前面的考生说过，只要考官按了那个铃铛，就表示面试结束了。于是他赶紧做好鞠躬走人的准备。可没想到旁边的一位考官突然对他说："有没有人对你说过，你走路的时候像扛着一担铁，两只肩膀左右晃动，非常难看？"

这个问题一下子把这位演员难住了，平常能言善辩的他，此刻只得尴尬地站在那里，一副无所适从的样子。

没想到接下来，这个考官非常和气地对他说："要知道，走路也是演技的一部分。平常，如果你好好留意身边的人，你就会发现，各种类型的人，走路的姿势都不尽相同。有些人走路，体现出他们的职业特点；也有些人走路，能够体现出他们的身份。"

考官的话让这位演员如梦初醒，他也为自己的浅薄感到惭愧，因为他长这么大，从来都没有想过走路的姿势还包含着这么多的学问，也从来没有人像这些考官一样批评过他的走路姿势。

值得庆幸的是，这些考官又给了他一次机会，让他重新再走一遍。这一次，他鼓足了全部的勇气和斗志。他走到门口，尽自己最大的努力，克服走路时两肩左摇右晃的缺点，认认真真地走了起来。进门的那段路只不过十几步，可就是这短短的十几步却成了这位演员一生最重要的转折点。等他第三次站到考场指定的位置时，浑身上下已经是湿漉漉的了。他的精神也终于打动了考官们，主考官对他说："这次好了一点，但还需要不断改进。现在，我们正式开始考试吧。"

几天之后，这位演员接到了复试通知书。在接下来的日子里，他一直非常留意别人走路的姿势，还请朋友们监督自己练习走路，把走路姿势当作人生中的一门必修课程去学习。后来，他不仅在复试时取得了好成绩，并且从此以后，再也没有人认为他的走路姿势有问题。

良好的走姿应该表现出一个人朝气蓬勃、健康向上的精神状态。而要养成优雅的走路习惯，平常就要严格要求自己。“双眼平视臂放松，以胸领动肩轴摆，提髋提膝小腿迈，跟落掌接趾推送。”这句话告诉我们走姿的基本要领。

1. 走姿的基本要领

(1)头正颈直，昂首挺胸。在行走时，要双眼平视前方，头部端正，挺胸收腹，应避免背部、腰部和膝部弯曲，并尽量保持上身直立。

(2)双肩平稳。在行走时双肩、双臂不能过于僵硬，双臂自然摆动，在摆动时要注意节奏和幅度，一般来说，摆动的幅度以 30°～35°为宜。

(3)全身协调，步幅适中，匀速直线行进。在行走时，全身各个部位要相互配合，给人以自然、轻松、协调的感觉。还要注意步幅，步幅因性别和身高不同会有差异，一般来说，男士步幅为 40cm，女士步幅为 36cm。步幅与我们所穿的衣服也有关系，对于女性来说，在穿裙装、旗袍或高跟鞋时，步幅应小一些；相反，在穿休闲长裤时，步幅就可以大一些。另外，如果没有特殊原因，在行走时速度应该保持均匀，不能忽快忽慢，让人捉摸不定。行走的轨迹要在一条直线上，不可忽左忽右、变化多端，因为这样做既不美观，又会给人一种心神不定、浮躁不安的感觉。一般来说，男性的行走速度约为每分钟 110 步，女性的行走速度约为每分钟 90 步。总之，男性的走姿应稳重、矫健，显示出阳刚之美；女性的走姿应轻盈、柔软，呈现阴柔之美。

不良走姿影响身体健康

低头、弯腰、“外八字”“内八字”……这些不良的走路姿势不仅难看，还会影响身体健康。

走路时抬头挺胸，有利于周身与大脑的气血回流。人在走路时，全身的经脉都会跟着一起活动，而含胸、弯腰的走路姿势却让这些经脉无法得到很好的舒展，身体也得不到应有的供氧。此外，不良走姿造成的脊柱问题，也会影响大脑，使大脑长期处于紧张状态。

走路呈“外八字”，容易使肝、脾、肾脏血流不畅，影响大脑血液的供应。

走路呈“内八字”，会影响胆、胃和膀胱的经络，而这些经络均在脊柱的周围，脊柱周围气血不畅，一样会影响大脑的血液循环。

青少年侧颈、斜肩的走路姿势也会影响督脉的气血运行，造成气血不畅，从而影响身体健康。

2. 走姿禁忌

不良的走姿不仅不符合礼仪规范，看上去非常不美观，还会影响个人健康。为了避免形成不良的走姿，我们应该注意以下几点禁忌：

(1)行走时弯腰驼背，走“外八字”或“内八字”，双肩和身体左右摇晃。

(2)行走时左顾右盼、瞻前顾后、方向不定、忽左忽右。

(3)行走时忽快忽慢。尤其是在社交场合，行走时更要尽量保持匀速，不能时而快速奔跑，时而止步不前。

(4)行走时声响过大，妨碍或惊扰到他人。女性在行走时一定要注意自己的鞋跟不要与地面发出“铛铛”的声音，尤其是在比较安静的医院、图书馆和教室等场所，要格外注意，千万不要打扰他人的工作和生活。

四、手姿

手姿又称手势，它是社交活动中不可缺少的动作，是展现个人性格和修养的重要外在形态。我们在与人谈话时，往往会根据自己的谈话内容，使用一些手势，以便更好地达到传情达意的目的。例如，在表达比较激烈的情感时，有些人会握紧拳头；谈到高兴处，常常会眉飞色舞、手舞足蹈等。在社交活动中，恰当、得体的手势有着不可低估的作用。生动、形象的有声语言配合准确、精彩的手势，能够使我们的言谈更富有感染力、说服力和影响力。

古罗马政治家西塞罗曾说：“一切心理活动都伴有指手画脚等动作。手势恰如人体的一种语言，这种语言甚至连野蛮人都能理解。”恰当、得体的手势在交际活动中会起到锦上添花的作用。因此，我们有必要掌握一些运用手势时的基本原则，学会正确地使用手势。

1. 手姿的基本要领

(1)手势宜少不宜多。在人际交往中，手势只是语言的点缀和配角，使用太多的手势，就会分散听众的注意力，使他们忽视你的谈话内容，并且多余的手势还会给人留下装腔作势、缺乏涵养的不良印象。

(2)使用手势时应注意动作规范准确。在与人交往时，有些特定的手势，比如表示再见、请进、介绍等含义的手势，都有着比较规范的动作，不能够随意改变或胡乱使用，否则就会给人带来不必要的误解。

通常来讲，掌心向上的手势表示诚恳、尊重他人。因此，在介绍某人、为某人引路或指引方向、请人帮自己做事时，应该掌心向上，以肘关节为轴，上身稍向前倾，以示对对方的诚意和尊敬；而掌心向下的手势则意味着不够坦率、缺乏诚意等。伸出手指来指点他人，是为了引起他人的注意，不过也含有教训人的意味，因此这种手势应该避免使用。

(3)使用手势时应注意各地的习俗。由于各国的文化和习俗不同，因此，在不同的国家和地区，同一个手势可能有着不同的含义。要想有效地发挥出手势的交际作用，就得了解并熟悉交际对象以及他们所处环境的文化特性，否则就可能会因为触犯禁忌而引起他人的不满。

不同国家常见手势的不同用法和含义

1. OK 手势

食指和大拇指连接成“O”形，其他三指自然弯曲。这种手势在美国和某些西方国家广为流行，现已逐渐遍及全球各地。但这种手势在不同的国家和地区表达了不完全相同甚至相反的意思，我们在运用和理解时应该注意区分。在美国，它表示“同意、了不起、顺利、赞赏”的意思；在法国，它表示“零”或“无”；在印度，它表示“正确”；在泰国，它表示“没问题”；而在日本、缅甸、韩国，则表示“金钱”的意思；在日本还表示“明白了”；在我国，它一般表示“零”或“三”；在巴西，它是“引诱女人”或“侮辱男人”的意思；在突尼斯，它表示“傻瓜”或“无用”；在印度尼西亚，它表示“什么也干不了”或“不成功”。

2. 举大拇指的手势

垂直竖起大拇指，其他四指紧握。中国人用这一手势表示赞赏之意；在美国、英国、澳大利亚和新西兰，这种手势大致包含三种含义：第一种是搭便车；第二种表示好的；第三种是如果把拇指用力竖直，则有骂人的意思。而在希腊等国家，其主要意思则是“够了”，但假如把大拇指朝下，则表示“坏”的意思。据说在罗马帝国时期，恺撒大帝每当做出杀人的决定时，总是做出大拇指朝下的手势。另外，在意大利，竖起拇指表示“一”，加上食指表示“二”；而在美国和英国则是竖起食指表示“一”，加上中指表示“二”，加上拇指便表示“五”了。

3. “V”字形手势

食指和中指分开竖起。这种手势现在人们普遍用来表示“胜利”（Victory 的第一个字母）。但第二次世界大战时期，温斯顿·丘吉尔首先使用这种手势时是手掌向外；若是手掌向内，就变成侮辱人的意思了。在欧洲，这种手势还表示数字“二”。

4. 伸食指手势

食指向上伸出，其他四指自然握紧。这种手势在我国表示“一”或“一次”，或是“提醒对方注意”；而在日本和韩国、菲律宾、印度尼西亚、墨西哥等国，则表示“只有一次”或“一个”；在法国，它是“请求，提出问题”的意思；在缅甸，也表示“请求”，有时还有“拜托”之意；在新加坡，则表示“最重要”的意思；而在澳大利亚，表示“请再来一杯啤酒”。

5. 其他手势

有的人在谈到某个问题时，一只手会调整戴在另一只手上的表带，或把玩另一只手的衬衣袖扣，或拉拉衣襟，或摆弄附近的物件等，这表明此人内心紧张或在说谎。假如留意观察，还会发现有人用手捂住嘴和鼻子，这往往是感到疲倦或对某件事或某个问题不关心的表示；用手心拍前额则可能是忘记了某事，但并没有为此感到惊慌；如果他用手掌拍颈背，肯定是被别人指出他的失误或错误，令他感到"芒刺在背"。

2. 手姿禁忌

在交际活动中，有一些不良手势会严重影响个人形象，引起他人的反感。比如，当众挠头皮、掏耳朵、挖鼻孔、咬手指、剔牙等，这些手势既不卫生又不雅观，更不符合礼仪的规范，我们应该时刻提醒自己注意这些禁忌。

举止可以体现出一个人的礼仪素养，在人际交往中起着非常重要的沟通作用。但是，在现实生活中，有些人却常常会忽视它的重要性，做出一些失礼的举动。

任务二 表情是塑造良好仪态的重要内容

美国心理学家艾伯特·梅拉比安把人的感情表达效果总结为一个公式：感情的表达＝语言(7％)＋声音(38％)＋表情(55％)。由此可见，表情在人际沟通中占据着极其重要的位置。表情是人们内心情绪的外在表现，在所有的形体语言中，它最丰富、最复杂，也最能表现出人的真情实意。

由此可见，在与人交往时，表情往往会成为判断他人内心变化和精神素质的重要法宝。在构成表情的所有要素中，眼神和笑容所发挥的作用是最大的，在人际交往时，我们应该学会运用眼睛和微笑来帮助我们传递信息。

1. 眼神

著名印度诗人泰戈尔说过："在眼睛里，思想敞开或是关闭，放出光芒或是没入黑暗，静悬着如同落月，或者像忽闪的电光，照亮了广阔的天空。那些有生以来除了嘴唇的颤动之外没有语言的人，学会了眼睛的语言，在表达上是无穷无尽的，像海一般的深沉，天空一样的清澈，黎明和黄昏，光明与阴影，都在自由嬉戏。"心理学家更是认为，最能准确表达人的感情和内心活动的是眼睛。在人际交往中，目光接触是最常见的沟通方式。人们往往从一个人的眼睛所传达出来的信息来形成对他人的第一印象，不同的眼神在与人交流时所起的作用也有着很大的不同。

学会运用眼神

徐朝是武汉某贸易有限公司的一位公关小姐。一天，她去拜访一位非常重要的客户。

见面时，她穿着非常正式的套装，微笑着大步向客户走去。在和客户握手时，她自信地直视着对方的眼睛；在和客户谈事情的时候，她不时地用眼神和对方交流，并且大方地将眼神在对方的眼睛或脸上停留了几秒后才移开。

面谈结束后，客户对徐朝的表现非常满意，因为她的眼神给人充满自信的感觉，让客户觉得她是一个值得信赖的人。结果，事情办得出乎意料的顺利，而徐朝的成功之处就在于她巧妙地发挥了眼神的作用。

眼神如同一种无声的语言，可以表达出有声语言难以传达的意义和情感。而眼神是否运用得恰当，将直接影响我们与他人的交流效果。因此，我们有必要学习一些关于眼神的礼仪规范。

(1)了解眼神所代表的含义

不同的眼神所表示的含义是不同的。如对他人行注目礼表示尊敬，说话时眼睛完全不看对方表明对其不感兴趣或彼此之间有一定的距离，用眼睛不停地上下打量别人意味着挑衅，互相瞪眼表明彼此之间充满敌意，说话时眼睛眨个不停表示对对方的观点存在疑问，斜着眼睛看人则意味着轻视对方等。只有了解不同的眼神所代表的含义，在社交中灵活运用，才能达到我们想要的交际效果。

(2)运用眼神应把握好分寸

在不同的场合，对眼神的运用也是有差别的。例如，与人初次见面，要以友善的目光正视对方，面带微笑，显示出喜悦、热情的心情，还应微微点头，以示对对方的尊重。在与人交谈时，应该学会进行恰当的眼神交流，这样既可以调节交谈的气氛，使谈话在频频的目光交流中自然而然地进行下去，让整个交谈过程变得和谐、轻松、愉快。但是应当注意，在交谈时不能自始至终紧紧盯着对方的眼睛，正如英国人体语言学家莫利斯所说的："眼对眼的凝视只发生于强烈的爱或恨之时，因为大多数人在一般场合中都不习惯于被别人直视。"长时间的凝视会让对方感到紧张和尴尬，有经验的警察、法官常常利用这种手段促成罪犯坦白。有关研究表明，交谈时目光接触对方脸部的时间应占全部谈话时间的30%～60%，超过或低于这一范围，都会被看作非常失礼的行为。因此对于身处社交场合的人来说，不宜使用凝视。另外，在一些特殊情况下，如当别人感觉拘束、紧张、不安时，或因说错了话、做错了事而感到尴尬时，我们应该马上转移自己的视线，以缓解他们的压力。

(3)避免使用不良眼神

在使用眼神表情达意时，要让对方感受到我们的自信、真诚和友好，而要达到这一效果，就要避免使用一些在社交中会引起他人反感和不快的眼神。例如，在与人交谈时，切忌眼神躲闪或游移不定；切忌不停地打量他人或盯住他人的某个部位尤其是身体有缺点或缺陷的部位；切忌频繁地眨眼或斜着眼睛看人；切忌冷眼看人等。

人际交往中眼神很重要

一位房地产公司的老板向朋友坦率地说出了他对员工林超凡的忧虑。

林超凡是他比较看重的一位职员，做事勤快，对工作尽心尽力，是他的重点培养对象。可不知怎么回事，林超凡就是与其他同事处理不好关系。每次他跟同事们没说上几句话，就会引起同事的强烈不满。有好几次，这位老板都亲眼看到他跟同事们发生争执，吵得不可开交。问题出在哪儿呢？是穿着，是谈吐，还是他的声音？这位老板也说不出个所以然。最后，他请朋友帮忙观察一下林超凡。他的朋友很快就发现了林超凡的毛病，那就是在与人相处时，林超凡的眼神让人感到非常不舒服。

由于从小没有注意，林超凡养成了一个坏习惯，总喜欢斜着眼睛看人。在和别人谈话时，这种充满着轻视和敌意的眼神大大破坏了他的个人形象，让他看上去总是一副高高在上的样子，让同事们都觉得他是一个非常狂妄自大、不可一世的人。也正因为这样，他在公司的人缘很差。

意大利著名演员索菲亚·罗兰曾经深有体会地说：“我的眼睛是准确反映我灵魂的一面镜子，如果你对我十分了解，你便能从我的眼神中知道我是欢乐还是忧愁，是烦恼还是平静，是厌弃还是喜爱。”眼神能够泄露我们心底的“秘密”，向他人传递最确切的信息。如果想有效地与他人沟通，想在人际交往中获得成功，那么就应该掌握关于眼神的礼仪规范。

2. 微笑

有人说：“微笑带来财富，没有微笑，财富将远离你。”也有人说：“微笑不用花钱，却价值连城。”真诚的微笑往往能够为我们带来意想不到的效果。

(1)微笑的作用

第一，微笑是一种美好、积极向上的生活态度，它能体现一个人的友善、和蔼与真诚，是最值得提倡的表情。一个善于通过微笑表达美好感情的人，总是能轻松地化解生活中的困惑和烦恼，以更好的精神和状态去面对生活。

第二，微笑能促进人与人心灵的沟通，给人以亲切、温和、如沐春风般的感受。在人际交往中，它能够迅速缩短人与人之间的距离，为双方进一步交流创造出温馨、和谐的氛围。不管碰到怎样棘手的人际关系，只要坚持用发自内心的微笑去面对，就有可能化干戈为玉帛。

从礼仪的角度来讲，我们应该时时展现自己的微笑，即使一些不开心的事情影响我们的心情，一旦来到工作岗位上，也要把个人的烦恼和不快抛诸脑后，不能让别人看到自己满面愁容的样子。

(2)微笑的基本原则

为了将微笑运用得当，使它真正发挥出建立良好人际关系的作用，我们应该遵循微笑的一些基本原则。

第一，微笑应该真诚、发自内心。微笑的美在于亲切、自然、文雅，真诚的微笑能够体现出一个人内心深处的真善美，只有这样的微笑，才能获得对方的回报。在现实生活中，有些人笑起来让人感觉很虚伪；有些人喜欢吸着鼻子冷笑，让人感到阴沉可怕；有些人总是捂着嘴偷笑，给人以矫揉造作之感；还有的人喜欢假意奉承、强颜欢笑，或是“皮笑肉不笑”……这些微笑都会影响我们的人际交往甚至是事业的成功。

第二，微笑要适度、适宜，符合礼仪规范。虽然微笑很重要，但是我们不能不分场合、不看对象地随意微笑。在人际交往中，如果对方满面愁容，或者由于说错了话、做错了事而感到尴尬，或者是当对方存在某些生理缺陷时，我们都不应该笑，否则就会违背礼仪规范，造成不必要的误会和麻烦。

“鞍之战”

公元前592年，齐国的国君齐顷公在朝堂接见来自晋国、鲁国、卫国和曹国的使臣，各国使臣带来了墨玉、币帛等贵重礼品献给齐顷公。献礼的时候，齐顷公向下一看，只见晋国的亚卿是个独眼，鲁国的上卿是个秃头，卫国的上卿孙良夫是个跛脚，而曹国的大夫公子首是个驼背，不禁暗自发笑，他想：怎么四国的使臣都是有毛病的？

当晚，齐顷公见到自己的母亲萧夫人，便把白天看到的这四个人当笑话说给萧夫人听。萧夫人一听便乐了，执意要亲眼见识一下。正好第二天是齐顷公设宴招待各国使臣的日子，于是他便答应萧夫人，让她躲在帷幕后面观看他们。

第二天，当四国使臣依次入厅时，萧夫人推开帷幕向外观望，一看到四个使臣就忍不住大笑起来，她的随从也一个个笑得前仰后合。笑声惊动了各位使者，当他们明白齐顷公为了让母亲开心，特意做了这样的安排时，个个怒不可遏，不辞而别。四国使臣约定各自回国后起兵伐齐，血洗在齐国所受的侮辱。

推销大师乔·吉拉德曾经说过：“当你笑时，整个世界都在笑。”让我们从现在开始，去发现、探索自己最美丽的笑容，用最富有魅力的微笑去感染他人吧！

知识巩固与礼仪训练

一、知识判断

1. 头发不可洗得太勤，否则会破坏头皮，不利于头发健康。（ ）

2. 化妆时应该遵循自然、协调的原则。（ ）

3. 服装应该与个人的身份及所处的场合、环境等相协调。（ ）

4. 一位男士在比较正式的社交场合身着运动装和球鞋。（ ）

5. 某女士手上戴满了戒指，身上其他的饰物也超过了三种。（ ）

6. 站姿的基本要领：头正、肩平、身直。（ ）

7. 某女士身着裙装，在入座时未用双手提平裙摆，以至于腿部裸露过多，坐下时双手不停地做小动作。（ ）

8. 小刘走路时一肩高一肩低，并且总是瞻前顾后。（ ）

9. 使用手势时应该注意动作规范、准确，还要注意尊重各地的习俗。（ ）

10. 表情是塑造良好仪态的重要内容，在人际沟通中占据着非常重要的地位。（ ）

二、礼仪训练

1. 站姿的训练

在他人的帮助下，或自己对着镜子训练站姿，纠正不良姿势。在找到标准动作的感觉后，再坚持每次 20 分钟左右的训练。可以进行靠墙站立练习，将脚后跟、小腿、臀部、双肩、后脑勺都紧贴墙壁。训练时，还可两人一组，背靠背练习站立。头顶一本书，把书放在头顶，为使书不掉下来，头、躯体应尽量保持平衡，这种训练可以纠正低头、仰脸、晃头及左顾右盼等不良习惯。站姿训练每次应控制在 20～30 分钟，训练时最好配上轻松愉快的音乐，用来调整心情，这样做既可以减少训练的枯燥感，又可以减轻疲劳感。

2. 走姿的训练

①顶书训练。将书置于头顶，面对镜子，行走时，保持头正、颈直、目不斜视，可以纠正走路摇头晃脑的坏习惯。

②步幅、步位训练。在地上画一条直线，检查自己的步位和步幅是否都正确，可以纠正“外八字”“内八字”及脚步过大或过小的毛病。

③步态综合训练。训练行走时各种动作要协调，最好配上节奏感较强的音乐，注意掌握好走路时的速度和节拍。保持身体平衡，双臂摆动对称，动作协调。

三、案例评析

下面的这则案例中，主人公李刚的举止有许多不符合礼仪规范的地方，请大家仔细阅读，帮助他找出自己的错误。

李刚自从大学毕业后就没与同学相聚过，这次，他专门从外地赶回来参加毕业 10 周年聚会。但是他的一系列举动让不少同学皱起了眉头。

原来，为了吸引大家的注意，在进门时，他骄傲地昂着头，慢慢踱着外八字步，左摇右晃地走进了大厅。接着，他顺手从侍者手中取了杯饮料，就斜靠在一张椅子上，漫不经心地喝了起来。喝完饮料后，他又慵懒地半躺在椅子上，不停地晃动脚尖，还打响指招呼每一个刚进门的同学。

请你们思考一下，李刚的举止中不符合礼仪规范的地方有哪些。

拓展阅读

微笑的力量

飞机起飞时，一位乘客请求空姐给他倒一杯水吃药。空姐很有礼貌地说："先生，为了您的安全，请稍等片刻，等飞机进入平稳飞行后，我会立刻把水给您送过来，好吗？"15分钟后，飞机进入了平稳飞行状态。

突然，乘客服务铃急促地响了起来，空姐猛然意识到：糟了，由于太忙，她忘记给那位乘客倒水了！当空姐来到客舱，看见按响服务铃的果然是刚才那位乘客。她小心翼翼地把水送到那位乘客跟前，面带微笑地说："先生，实在对不起，由于我的疏忽，延误了您吃药的时间，我感到非常抱歉。"这位乘客抬起左手，指着手表说道："怎么回事，有你这样服务的吗，你看看，都过了多久了？"空姐手里端着水，心里感到很委屈，但是，无论她怎么解释，这位挑剔的乘客都不肯原谅她的疏忽。

接下来的飞行途中，为了补偿自己的过失，每次去客舱给乘客服务时，空姐都会特意走到那位乘客面前，面带微笑地询问他是否需要水，或者别的什么帮助。然而，那位乘客余怒未消，摆出一副不肯合作的样子，并不理会空姐。临到目的地时，那位乘客要求空姐把留言本给他送过去，很显然，他要投诉这名空姐。此时空姐心里虽然很委屈，但是仍然面带微笑地说道："先生，请允许我再次向您表示真诚的歉意，无论您提出什么意见，我都将欣然接受您的批评！"那位乘客脸色一紧，嘴巴准备说什么，可是却没有开口，他接过留言本，开始在本子上写了起来。

等到飞机安全降落，所有的乘客陆续离开后，空姐本以为这下糟了，没想到，等她打开留言本，却惊奇地发现，那位乘客在本子上写下的并不是投诉信。相反，这是一封热情洋溢的表扬信。是什么使得这位挑剔的乘客最终放弃了投诉呢？在信中，空姐读到这样一句话："在整个过程中，你表现出的真诚的歉意，特别是你的微笑，深深打动了我，使我最终决定将投诉信写成表扬信！你的服务质量很高，下次如果有机会，我还将乘坐你们的这趟航班！"

模块四　沟通礼仪

学习目标

- 能够与沟通对象得体地交谈
- 能够礼貌地接打电话
- 网络沟通要符合礼仪规范要求

案例导入

“都是老田鸡”

某局现任局长宴请退居二线的老局长，席间端上一盘油炸田鸡，老局长说：“喂，老弟，青蛙是益虫，不能吃。”现任局长不假思索，脱口道：“不要紧，都是老田鸡，已退居二线，不当事了。”老局长闻听此言，顿时脸色大变，连问：“你说什么？你刚才说什么？”现任局长本想开个玩笑，不料说错了话，触犯了老局长的自尊，顿觉尴尬万分。席上的友好气氛被破坏，幸亏秘书反应快，连忙接着说：“老局长，他说您已退居二线，吃田鸡不当什么事。”气氛才有点缓和。

问题

1. 现任局长在交谈中犯了什么错误？
2. 与人交谈应注意哪些礼仪？

1995年，美国哈佛大学心理学家丹尼尔·戈尔曼提出了情商(EQ)的概念，认为情商是个体的重要生存能力，是一种能够发掘情感潜能、运用情感能力影响生活各个层面和人生未来的关键因素。戈尔曼甚至认为，在人的成功要素中，智力因素是重要的，但更为重要的是情感因素。情商可以概括为五方面内容：情绪控制力；自我认识能力，即对自己的感知力；自我激励、自我发展的能力；认知他人的能力；人际交往的能力。一般认为，100％的成功＝80％的情商＋20％的智商。而日常人际沟通能力则是一个人情商的反映。

这里，我们主要介绍交谈礼仪、电话礼仪和网络礼仪三个方面。

任务一　交谈礼仪

美国哈佛大学前校长伊立特曾说：“在造就一个有修养的人的教育中，有一种训练必不可少，那就是优美、高雅的谈吐。”交谈是交流思想和表达感情最直接、快捷的途径。在人际交往中，因为不注意交谈的语言艺术，或用错了一个词，或多说了一句话，或不注意词语的色彩，或选错话题等，而导致交往失败或影响人际关系的事时有发生。所以在交谈中必须遵从一定的规范，才能达到交流信息、沟通思想的目的。

一、交谈的语言要求

交谈的语言要求包括以下几个方面。

1. 准确流畅

在交谈时，如果词不达意、前言不搭后语，就很容易被人误解。因此，在表达思想感情时，应做到发音标准、吐字清晰，说出的语句应符合规范，避免使用似是而非的词语。应去掉过多的口头语；语句停顿要准确，思路要清晰，谈话要缓急有度，使交流畅通无阻。

语言准确流畅还表现在尽量不要用书面语或专业术语，因为这样的谈吐会让人感觉太正规、受拘束或是理解困难。

2. 清晰明了

据有关专家考证，口头语言留在人们记忆中的时间一般不超过 7 秒，10 秒以后，相关记忆就会逐渐模糊，直至残缺不全。这就要求人们在讲话时尽量明确精练、通俗易懂，避免使用模棱两可、似是而非、晦涩难懂的语言。

说话要力求简单明了。生活中常有这样的情形，有的人不顾场合地点，说起话来口若悬河，滔滔不绝；有的人反复叙述同一件事，生怕别人不解其意，或是说话不着边际。结果，主要信息被大量的次要信息淹没了，听者也听得云里雾里，不知所云。

自作自受

有一则笑话，说的是古时有一书生，突然被蝎子蜇了，便对其妻子喊道：“贤妻，逸燃银烛，你夫为虫所袭！”他的妻子没有听明白，书生更着急了，喊道：“身如琵琶，尾似钢锥，叫声贤妻，打个亮来，看看是什么东西！”其妻仍然没有领会他的意思，书生疼痛难熬，不得不大声吼道：“快点灯，我被蝎子蜇了！”

此外，应当特别注意同音异义字的使用，以免发生误会。在汉语中，容易引起歧义的词语并不少见，例如“全部(不)及格”“致(治)癌物质”等。遇到这类容易引起误解的词语，说话人可以换一种表达方式，将其交代清楚，如“全都及格”“导致癌症的物质”等。这样对方就不会有疑问了。

3. 委婉表达

交谈是一种复杂的心理交往，人的微妙心理、自尊心往往起到重要的控制作用。因此，对一些只可意会不可言传的事情、人们回避和忌讳的事情、可能引起对方不愉快的事情，只能用委婉、含蓄、动听的话去说。常见的委婉的说话方式有以下几种。

(1)避免使用主观武断的词语，如“只有”“一定”“唯一”“就要”等不留余地的词语，要尽量采用与人商量的语气。

(2)先肯定后否定，学会使用“是的……但是……”。把批评的话语放在表扬之后，就显得委婉一些。

(3)间接地提醒他人的错误或拒绝他人。

4. 掌握分寸

谈话要做到收放自如，不过头，不嘲弄，把握“度”；谈话时不要夸夸其谈，忘乎所以，要给别人说话的机会；说话时要察言观色，注意对方情绪，对方不爱听的话少讲，一时接受不了的话不急于讲。开玩笑要看对象的性格、心情、场合，一般来讲，不随便开女性、长辈、领导的玩笑，一般不与性格内向、多疑敏感的人开玩笑，当对方情绪低落、心情不快时不开玩笑，在严肃的场合、用餐时不开玩笑。

5. 幽默风趣

交谈本身就是一个寻求一致的过程，在这个过程中常常会出现不和谐的地方而产生争论或分歧，这就需要交谈者随机应变，凭借机智、幽默的谈吐减少或消除障碍。幽默可以化解尴尬局面，增强语言的感染力。它建立在说话者有较深的涵养、丰富的想象、乐观的心境、对自我智慧和能力自信的基础上，而不是要小聪明或“卖嘴皮子”，它能够使语言表达既诙谐又入情入理，体现表达者一定的修养和素质。

6. 声音优美

每个人的声音都是有感情和色彩的，让自己的声音富有吸引力，展现出独特的个人魅力也是一门艺术。

首先，要注意音调的高低变化。无变化的声音是单调的，如同催眠曲，达不到讲话的目的。因此，与人交谈时，应根据谈话内容的变化，适当调整音调的高低，给人抑扬顿挫的感受。

其次，要控制好音量。谈话时，音量的控制也非常重要。太大的声音会令人反感，认为你装腔作势；音量太小会使人听不清楚，认为你怯懦。一般来说，应根据听者距离的远近来调节自己的音量，达到最适合的状态。

最后，要注意说话的语速。说话时一直保持同一种语速会使人产生听觉上的疲劳，容易令人打不起精神。因此，在与人交谈时，我们应该把握说话的语速，不要太快或太慢，应追求一种有快有慢的音乐感。在主要的语句上放慢速度作强调，在一般的内容上稍微加以语速的变化。

二、使用礼貌用语

使用礼貌用语，是人类文明的标志，也是全世界共同的心声。使用礼貌用语不仅会得到人们的尊重，提高自身的信誉和形象，而且会对自己的事业起到良好的辅助作用。在我国，政府有关部门向市民普及文明礼貌用语时，基本内容为十个字："请""谢谢""你好""对不起""再见"。

礼貌用语一览

1. 问候用语

您好！各位好！××小姐好！××先生好！××主任好！早上好！中午好！下午好！晚安！各位下午好！××经理早上好！

2. 欢迎用语

欢迎！欢迎光临！见到您很高兴！恭候光临！××先生，欢迎光临！欢迎再次光临！欢迎您又一次光临本店！

3. 送别用语

再见！回头见！慢走！走好！欢迎再来！保重！一路平安，旅途顺利！

4. 请托用语

请稍候！请让一下！劳驾！拜托！打扰！请关照！请您帮我一个忙！劳驾您替我看一下这件东西！拜托您为这位女士让个座位！

5. 致谢用语

谢谢！××先生，谢谢您！××小姐，谢谢您！十分感谢！万分感谢！多谢！有劳您了！让您替我们费心了！上次给您添了不少麻烦！

6. 征询用语

您需要帮助吗？我能为您做点什么？您需要点什么？您觉得这件工艺品怎么样？您不来一杯咖啡吗？您是不是很喜欢这种方式啊？您是不是先来试试？不介意帮助您吧？您打算预订雅座，还是散座？

7. 应答用语

是的。好。很高兴能为您服务。好的，我明白您的意思。不必客气。这是我们应该做的。请多多指教。过奖了。不要紧。没关系。不必。我不会介意。

8. 赞赏用语

真不错！对极了！相当棒！非常出色！您真有眼光！还是您懂行！您的观点非常正确，看来您一定是内行。哪里，哪里，我做得还不够。承蒙夸奖，真是不敢当。得到您的肯定，真的让我们很开心。

9. 祝贺用语

祝您成功！一帆风顺！心想事成！身体健康！生意兴隆！全家平安！节日快乐！活动顺利！新年好！春节快乐！生日快乐！旗开得胜，马到成功！

10. 推脱用语

您可以到对面的商场去看看。我可以为您向其他专卖店咨询。下班后我们酒店还有其他安排，很抱歉不能接受您的邀请。

11. 道歉用语

抱歉。对不起。请原谅。失礼了。失言了。失陪了，失敬了。失迎了。不好意思，多多包涵。很惭愧。真的过意不去。

三、善于耐心倾听

有一句老话“人长着一张嘴巴，两只耳朵，就是为了少说多听”，是很有道理的。与人交谈不但要善于表达自己的意思，而且要善于聆听对方说话，这在社会交往活动中是个不容忽视的问题。认真听取他人讲话可以获得更多的信息，抓住机会向别人学习，可以避免和减少说话的失误，同时也是对对方的尊重。

我们不仅口才要好，还要有好“耳才”，做一个善于倾听的人。

有好“耳才”的崔永元

在一次采访中，记者问崔永元：“你为什么这么有口才？”

崔永元笑了一下，回答说：“其实我嘴很笨，只是‘耳才’还可以。”

“耳才怎么说？”记者又问。

崔永元回答：“聊天、谈话的关键是要听得好。”

记者又问：“怎么才算是听得好呢？”

崔永元答道：“听人说话能听到画龙点睛，此一境界；听人说话能听到入木三分，又一境界；听人说话能听到刻骨铭心，这是最高境界。”

点评：崔永元连用三个成语，说明倾听的三种境界。生活中，一些人常常重说轻听，光有口才而无“耳才”，很容易掉进自己挖的“陷阱”里，致使沟通效果大打折扣。其实，越是善于倾听的人，越能得到他人的尊重，与他人的关系越融洽。

听和说是交流的两个方面，听是说的前提。那么怎么才算“听”呢？这从古人造字就可看出，“听”的繁体字是“聽”，这里面有“耳”，有“目”，有“心”，也就是说，除了得用耳朵听，还要用眼睛看，用心领会。因此，我们应充分重视听的功能，讲究听的方式。

1. 全神贯注，洗耳恭听

全神贯注可以使你正确地接收信息。洗耳恭听，是指你在倾听时，要摒除偏见和成见，否则会妨碍你接收信息。

2. 开动脑筋，了解真意

倾听的时候还必须开动脑筋，务必了解对方要表达的真正意愿。这里，关键的倾听技巧是，如果有不明白的地方应当向对方提问。而如果听到的话比较含蓄，就要了解说话人的言外之意。对商务人员来说，倾听就是要了解客户的真实需求。如果你在倾听后还没有完全了解客户的意见或需求，就必须向客户提问。提问是商务人员必须掌握的一个重要技巧。

3. 给予反馈，鼓励对方

倾听时还要注意给对方反馈，让对方知道你在聚精会神地听，从而鼓励对方，使对方说得更好。这样才能真正实现交流中的互动。

在双向交流中，要注意与对方互动。说的人要注意调动听话人的兴趣，间或要让听话人有发表意见的机会，这样才能有交流。否则，一个人唱独角戏，会非常沉闷。从倾听者的角度看，倾听者也承担着鼓励说话人的责任，也要给说话人反馈。那么如何给对方反馈呢？

第一，用正确的体态语让对方知道你在聚精会神地倾听。倾听时，身体微微前倾，表示你在积极倾听。说话人看到你在仔细听，就会增强表达意愿。在日常沟通中，可以用微笑来替代体态语。在电话中虽然双方看不见彼此，但是愉悦的语音会给正在说话的对方一个反馈，向对方传递一个信息，即我愿意听你说，我正在很专注地听你说。

第二，倾听时，要适时发出应答的词语。一个人在说话时，其实一直在关心对方是不是在专心听。有时，听的人确实在很专注地听，可是说话的人并不知道，还在问：“你在听我说吗？”即使听的人说“我在认真听呢”，说话的人也不一定相信，甚至追问：“那你重复一下，我刚才说了什么？”有时这会使得双方相互埋怨，陷入一种尴尬的境地。那么怎样才能让说话的人知道你在好好听呢？其实办法很简单，那就是在听人说话时，即使说话人没用问句，也要适时发出一些回应的词语，即在听完一句话或一段话之后，说出“噢，是吗？”“对”“唉”“行”等应答的词语。虽然这些应答的词语没有任何实际的意思，但在交流中却很重要，因为这让说话对象知道你在用心听。

【礼仪小贴士】

LISTEN（聆听）六要点

L：Look，看，观察。注视对方时用“肯尼迪总统眼神法”，方法是看对方的眼睛，两眼交替注视。据说肯尼迪总统经常使用，最能打动对方的心。

I：Interest，表示兴趣，点头、微笑、身体前倾，都是有用的身体语言。

S：Sincere，诚实，关心，留心对方的说话，做真心且善良的回应。

T：Target，跟紧目标，若对方故意离题，马上带回主题。

E：Emotion，控制情绪，就是听到过分言语，也不要发火。

N：No，避免偏见和冲突，仔细确认对方的立场，不要急于捍卫己见。

四、有效选择话题

所谓话题，是指人们在交谈中所涉及的题目范围和谈话内容。换言之，话题是一些由相对集中的同类知识、信息构成的谈话资料及其相应的语体方式、表述语汇和语气风格的总和。在人际交往中，学会选择话题，就能使谈话有个良好的开端。交谈中恰当的话题主要有以下几个方面。

1. 在社交场合或日常生活中的话题

不管是哪一个国家和民族的人，都会对体育比赛、文艺演出、电影电视、旅游度假、风景名胜、烹饪小吃等话题感兴趣，这些话题，都是令人感到轻松愉快的。若在社交场合或日常生活中，需要与一个比自己的身份和地位高得多的人进行交谈，那么，在交谈之前，最好能通过各种渠道了解对方的阅历、文化修养及兴趣所在，然后对症下药，选择他感兴趣的话题，并倾听他的谈话，不时地表示赞同。这样的谈话必然会给他留下较深刻的印象，并有可能预约第二次沟通。

2. 与不同职业、不同地位的人进行交谈时的话题

与不同职业、不同地位的人进行交谈时，应充分考虑其职业特点和地位，选择与其职业和地位相符，且使其感兴趣的话题进行交谈，必然会使交谈愉快、顺利地进行。

比如，与农民进行交谈，可以谈农业生产状况、农业收入及种子、化肥、农药等有关问题；与城市居民进行交谈，可以谈城市物价、交通、住房等有关问题；与高校的教师沟

通，应根据其学校的性质和专业特点，选择其专业相关问题进行交谈。

总之，应本着这样一个原则：与不同身份的人谈话，应选择不同的人群感兴趣的话题。如果不遵循这一原则，与农民谈城市物价、交通、城市住房等问题，与城市居民谈农业生产、收入、种子、化肥等问题，必然导致交谈无法进行下去。

3. 在随意交谈过程中的话题

在随意交谈的过程中应思维敏捷，随时判断和捕捉对方感兴趣的话题，然后与之交流，也会取得良好的谈话效果。一个人总是会乐于交谈自己感兴趣的话题，如果能准确了解对方的兴趣所在，将是最有话可谈的。这种方法对于有一技之长或一专多能的人最为适用。例如，对方喜爱摄影，便可以此为题，谈摄影的取景、相机的优劣、摄影作品的评比等方面，如果自己对摄影也有相当的造诣那一定会谈得很投机。如果这方面经验不足，便可向对方虚心请教，对方一定会滔滔不绝地解释各种问题。这样的谈话不仅会使双方十分愉快，而且可以使自己从中学到不少东西。

4. 与陌生人进行交谈的话题

如果在公共场合或社交场合与陌生人进行交谈，由于对陌生人的背景不了解，应有效地选择话题。你若想让别人觉得自己有吸引力，最好的办法是说话真诚明了。最初的交谈话题，可从询问对方的姓名、工作单位或对方所从事的行业、籍贯入手，然后互相介绍。从交谈中发现其感兴趣的话题或者不时地提问，等略微了解后，再进行深入的有目的的交谈。

谈话是交流，可以涓涓细流，不必像赛跑那样急着冲到终点。因此，交谈时，应充分考虑对方的兴趣所在，并给对方发言的机会。人们最愿意谈自己感兴趣的事情，而对于和自己毫无关系或不感兴趣的事情则会觉得索然无味。因此，在交谈时，可以谈自己感兴趣的事情，但必须考虑到对方对此事感兴趣的程度，并且给对方一个谈其感兴趣的事情的机会，当一个人聚精会神、以热情真诚的心去倾听对方的诉说时，一定会给对方留下深刻印象。总是喜欢大谈自己的人，容易使人感到浅薄、缺乏修养。

5. 交谈时应回避的话题

有一些话题不宜作为交谈的话题，是禁忌话题，如果不回避这类禁忌话题而执意交谈，必然会给彼此间的交往带来不必要的麻烦。

(1)私生活问题不宜交谈。按照国际惯例，人们的年龄、婚姻状况、履历、收入、家庭住址以及其他的家庭情况，都属于个人隐私，交谈时，一般不宜主动触及这些话题。与来自西方国家的外宾进行交谈时，更应尽量避免。因为在西方国家非常强调个人独立、个人至上和个人隐私，如果不了解这一常识而大谈此类话题，必然会引起外宾的不快，从而使交谈无法继续。在与外宾交谈时，对其服装、住宅、汽车的式样、价格最好也不要触及，这些与个人的喜好亦属个人隐私。

(2)令人不快的事物不宜交谈。衰老和死亡、讨厌的寄生虫、惨案与丑闻等话题，不宜触及。平时与人交谈，一般不宜涉及疾病、死亡等话题，在喜庆场合，更应避免不吉利的词语。探视病人时，当看到病人面容憔悴，切不可说“脸色怎么这样苍白”之类的话，也不可与病人讨论、分析疾病的严重性。否则，交谈不仅不会愉快，还会加重病人的思想负担，进而加重病人的病情。

(3)涉及他人短长的话题不宜交谈。有关他人的小道消息、家庭成员的矛盾冲突、单位的人际关系、女士的美丑与胖瘦、他人的服饰与发型等涉及他人短长的话题，一般不宜交谈。交谈此类话题会被看作缺乏教养。

与外宾进行交谈时，对其生活习惯、宗教信仰、政治主张，都不要谈论。在交谈中，如果无意触及了人们回避的话题，不应当寻根究底，而应当立即转移话题，必要时应向他人表示歉意。

(4)自己不熟悉的话题不宜交谈。在交谈时，我们应当回避自己不熟悉的话题。一知半解、故弄玄虚、不懂装懂，不但不会给彼此的交谈带来益处，反而会给别人留下不谦虚的印象。“闻道有先后，术业有专攻”，人不可能掌握全部的科学知识，而只能了解某一专业领域、某一专业领域内某一方面或者几个专业领域的大概情况。如果遇到自己不明白、不了解的问题，据实相告并虚心请教，不但不会贬低自己，反而会赢得他人的尊重。

【礼仪小贴士】

交谈的禁忌

一忌居高临下。不管你身份多高，背景多硬，资历多深，都应放下架子，平等地与人交谈，切不可给人以高高在上之感。

二忌自我炫耀。交谈中，不要夸耀自己的长处、成绩，更不要或明或暗、拐弯抹角地为自己吹嘘。

三忌滔滔不绝。如果对方对你所谈的内容不懂或不感兴趣，不要不顾对方的情绪，自己沉浸在该话题中。

四忌心不在焉。当你听别人讲话时，思想要集中，不要左顾右盼，或面带倦容、连打哈欠，或表情木然，这样会让人觉得扫兴。

五忌随意插嘴。要让人把话说完，不要轻易打断别人的话。

六忌节外生枝。要扣紧话题，如当大家正在兴致勃勃地谈论音乐，你突然把足球赛塞进来，显然不合适。

七忌搔首弄姿。与人交谈时，姿态要自然得体，手势要恰如其分。切不可指指点点、挤眉弄眼给人以轻浮或缺乏教养的印象。

八忌挖苦嘲弄。别人在谈话时出现了错误或不妥，不应嘲笑，特别是在人多的场合尤其不可如此，否则会伤害对方的自尊心。也不要对交谈以外的人说长道短，这不仅有损别人形象，也对自己造成不良影响，因为谈话者从此会警惕你在背后也说他的坏话。更不能把别人的生理缺陷当作笑料，无视他人人格。

九忌言不由衷。当你持有不同看法时，可以坦诚地说出来，不要一味附和，也不要胡乱赞美，否则会令人觉得你不真诚。

十忌故弄玄虚。本来是习以为常的事，切莫有意“加工”，语调夸张轻浮，或卖关子、玩深沉，让人捉摸不透。如此故弄玄虚，是很让人反感的。

十一忌冷暖不均。当几个人一起交谈时，切莫按自己的“胃口”，更不要按他人的身份而区别对待。不公平的交谈是不会令人愉快的。

十二忌短话长谈。切不可泡在谈话中，浪费大家的宝贵时光，要适可而止，说完就走。

任务二　电话礼仪

电话是人们开展社交活动不可缺少的工具，在日常生活和工作交往中，要利用电话与别人取得联系和交谈。在打电话时，人们完全靠声音和使用电话时的习惯给对方留下印象，要想有“带着微笑的声音”或者通过电话赢得信任，就必须掌握使用电话的礼节与技巧。

一、电话沟通的基本要求

目前大部分电话能传输的信号是声音，但声音却能包含许多信息，如说话人想做什么，要做什么，是高兴还是悲伤，还有对另一方的信任感、尊重感，这些都取决于打电话的人的语言与声调。因此，电话语言要求礼貌、简洁和明确，以准确地传递信息。

1. 态度礼貌友善

当我们使用电话交谈时，我们不能简单地将对方视作一个“声音”，而应看作一个正在交谈的人。礼貌的语言、柔和的声音，往往会给对方留下亲切之感。

2. 传递信息要简洁

电话用语要言简意赅，将自己所要讲的事用最简洁明了的语言表达出来。在通话时最忌讳发话人吞吞吐吐、含混不清、东扯西拉，正确的做法是：在问候对方后，即开宗明义，直言主题，少讲空话，不说废话。

3. 控制语速语调

通话时语调温和，语气、语速适中，这种有魅力的声音容易使对方产生愉悦感。如果说话过程中语速太快，则对方会听不清楚，显得自己应付了事；语速太慢，则对方会不耐烦，显得自己懒散拖沓；语调太高，则对方听着刺耳，感到刚而不柔；语调太低，则对方会听得不清楚，感到有气无力。一般说话的语速、语调和平常一样就可以，即使是长途电话，也无须大喊大叫。另外，通电话时，周围若有种种异样的声音，会使对方觉得自己未受尊重而变得恼怒，这时应向对方解释，以保证双方心情舒畅地沟通信息。

二、接电话的礼仪

1. 迅速、礼貌地接听电话

接电话首先应做到迅速接听，在铃响三声之前就拿起话筒。电话铃响过三遍后才做出反应，会使对方焦急不安或不愉快。接电话时，也应首先自报单位、姓名，然后确认对方身份。如果对方没有马上进入正题，可以主动请教："请问您找哪位？"

2. 仔细聆听并积极反馈

作为受话人，在通话过程中，要仔细聆听对方的讲话，并及时作答。通话中听不清楚或不明白对方意思时，要马上告诉对方。在电话中接到对方邀请或会议通知时，应热情致谢。

3. 规范地代转电话

如果对方请你代转电话，应弄明白对方是谁，要找什么人，以便与接电话的人联系。此时，请告知对方"稍等片刻"，并迅速找人。如果不放下电话喊距离较远的人，可用手轻捂话筒或按保留按钮，然后再呼喊接电话的人。如果自己因别的原因决定将电话转到别的部门，应客气地告诉对方，再将电话转到处理此事的部门或适当的职员，如："真对不起，这件事是由财务部处理，如果您愿意，我帮您转过去好吗？"

4. 认真做好电话记录

如果需要接电话的人不在，应为其做好电话记录，记录完毕，最好向对方复述一遍，以免遗漏或记错。

5. 特殊情况的处理

电话铃响起，如果自己正在和客人交谈，应先向客人打招呼，然后再去接电话。如果发觉打来的电话不宜为外人所知，可以告诉对方："我身边有客人，一会儿再给您回电话。"不要抛下客人，在电话中谈个没完，这样身边的客人会有被轻视的感觉。

如果对方打错了电话，应当及时告知，不要讽刺挖苦，更不要表示出恼怒之意。

三、打电话的礼仪

1. 选择适宜的通话时间

打电话的时间应尽量避开上午 7 时前、晚上 10 时以后，还应避开就餐时间。如果对方是有午休习惯的人，不要在其午休时间打电话给他。电话交谈持续的时间也不宜过长，把事情说清楚就可以了，一般以 3～5 分钟为宜。因为在办公室打电话，要照顾其他电话的进出，所以不可过久占线，更不可将办公室的电话或公用电话当作聊天工具，这是惹人讨厌的行为。

2. 通话之前做好准备

通话之前应该核对对方的电话号码、公司或单位的名称及接电话人的姓名。写出通话要点及询问要点，准备好在应答中使用的备忘纸和笔，以及必要的资料和文件。估计一下对方情况，决定通话时间。

3. 注意通话的礼节

接通电话后，应主动问好、自报家门和证实一下对方的身份。应先说明自己是谁，除非通话的对方与你很熟悉，否则就该同时报出你的公司及部门名称，然后再确认一下对方的身份。打电话要坚持用“您好”开头，“请”字在中间，以“谢谢”收尾。若你找的人不在，可以请接电话的人转告，如“对不起，麻烦您转告××”，然后将你所要转告的话告诉对方。最后别忘了向对方道谢，并且问清对方的姓名。切不可“咔嚓”一声就把电话挂了，这样做是不礼貌的。即使你不要求对方转告，也应该说一声“谢谢，打扰了”。通话结束时，要道谢和说再见，这是通话结束的信号，也是对对方的尊重。注意声音要愉快，听筒要轻放。一般来说，打电话的人先放下电话，接电话的人再放下电话。但是，假如是与上级、长辈、客户等通话，无论你是打电话的人还是接电话的人，都最好让对方先挂断。

四、手机礼仪

在社交场所和工作场合放肆地使用手机，已经成为礼仪的最大威胁之一，手机礼仪越来越受到关注。在国外，如澳大利亚电信公司的各营业厅就向顾客提供“手机礼节”宣传册，宣传手机礼仪。

1. 注意场合

在会议中与别人洽谈的时候，最好把手机关掉，起码也要调到震动状态。这样既显示出对他人的尊重，又不会打断发话者的思路。而那种在会场上铃声不断，好像是业务很忙的人，实则会显示出缺少公共意识和修养。注意手机使用礼仪的人，通常不会在公共场合、座机电话接听中、开车中、飞机上、剧场里、图书馆和医院里接打电话，即使在公交车上大声地接打电话也是有失礼仪的。同时，在有些公共场合，特别是楼梯、电梯、路口、人行道等地方，不可以旁若无人地使用手机。特别需要指出的是，在看电影时打电话是极其不合适的，如果必须回话，采用静音的方式发送手机短信是比较合适的。

2. 考虑对方

给对方打电话时，尤其知道对方是身居要职的忙人时，首先应想到的是，这个时间他方便接听吗？并且要有对方不方便接听的准备。在给对方打电话时，注意从听筒里听到的回音来鉴别对方所处的环境。如果很静，应想到对方可能在会议上，有时大的会场会产生一种空阔的回声，当听到噪声时对方很可能在室外，开车时的隆隆声也是可以听出来的。

有了初步的鉴别，对能否顺利通话就有了准备。但不论在什么情况下，是否通话还是由对方来定为好，所以“您现在通话方便吗?”通常是拨打电话的第一句问话。

在餐桌上，关掉手机或是把手机调到震动状态还是必要的。避免正吃到兴头上，被一阵烦人的铃声打断。不要一边和别人说话，一边查看手机短信，以避免让对方产生自己不被尊重的想法。与朋友面对面聊天时，不要正对着朋友拨打手机，避免让对方心中不愉快。使用手机时必须牢记“安全至上”，否则害人害己。注意不要在驾驶汽车时使用手机，以免发生车祸；不要在病房、油库等地方使用手机，避免拨打电话时发出的信号有碍治疗，或引发火灾、爆炸；不要在飞机飞行期间使用手机，否则极可能使飞机“迷失方向”，造成严重后果。

手机不断推陈出新，除手机的功能不断增加外，手机彩铃也是五花八门。所谓“萝卜白菜，各有所爱”，使用个性彩铃本是无可厚非，但在公共场所，尤其是相对比较安静的办公场合，手机铃声的设置直接体现了使用者的公共意识，不宜设置搞怪或噪声很强或具有刺激性的铃声。

3. 会发短信

书写、发送手机短信时，短信内容要简单明了，语义要清楚，注意文法和错别字。在短信的内容选择和编辑上，应该和通话文明一样重视。不要编辑或转发不健康的短信，特别是一些带有讽刺性的短信，更不应该转发。

接收手机短信后要及时回复。

任务三 网络礼仪

网络礼仪(netiquette)是英语中出现的一个新词，由“网络”(network)和“礼仪”(etiquette)组合而成，指网络中人们交往的方式。正如在现实生活中，人们“入乡随俗”一样，只要进入网络，就应该按网络的规矩行事，这是起码的道德要求。因此，网络礼仪既是保证人们在网上正常交往和相互理解的重要手段，也是判别网民是否文明礼貌的行为标准。

一、网络礼仪的基本原则

网络生活中应该遵守的道德、法律、礼仪规范与现实生活是相同的，前述社交礼仪原则同样适用于网络这一虚拟社交空间。针对网络特点需要补充的原则有以下几个。

(1)记住别人的存在。互联网让来自五湖四海的人们在一个共同的平台聚集，这是高科技的优点，但往往也使得我们面对着电脑荧屏忘了自己是在跟其他人打交道，我们的行为也因此容易变得更粗鲁和无礼。因此网络礼仪的第一条就是“记住别人的存在”。你当别人的面不会说的话也不要在网上说。

(2)要尊重他人隐私。网民一般不愿公开自己的真实姓名、地址、电话号码等个人信息。因此，对于已知的个人信息，应注意保密。同时，与别人的电子邮件或私聊的记录，也是别人隐私的一部分，不能擅自将其公开。

(3)网络内外要一致。在现实生活中大多数人都遵纪守法，在网上也应如此。不要以为虚拟世界里，别人看不见、听不到，就可以为所欲为。

(4)网络是学习和交流经验的场所，分享知识也是网络的乐趣。当你向他人求教时，要做到态度诚恳，尽量每次只询问一个问题，以便对方回答。当对方暂时没有回复时，不要再次发送询问信件。

(5)给网友留个好印象。因为网络的匿名性质，别人无法通过你的外表来观察你，所以在语言交流的时候，要尽量委婉、平和、友好，这样才能给他人留个好印象，这是尊重他人的体现，也是获得他人尊重的开端。

(6)待人宽容。己所不欲，勿施于人。要宽容对待别人的失误，当看到别人打错字、用错词，不要太过在意。如果你真的想给他建议，最好用电子邮件私下提议。

(7)尊重他人的劳动成果，不能剽窃别人的作品。试图对别人的作品做一些作者明确禁止的事情，不仅有失礼数，有时还可能是违法的。

(8)争论时要以理服人。聊天时，意见难免会有分歧，争论也是正常现象。但要注意，争论要心平气和，要以理服人，不要进行人身攻击。

二、收发电子邮件礼仪

电子邮件，又称电子函件或电子信函，不仅安全保密、节省时间，又不受篇幅的限制，清晰度极高，而且还可以大大地降低通信费用。对待电子邮件，应像其他通信工具一样讲究礼仪。

1. 撰写与发送

电子邮件的撰写与发送皆有一定规定和要求。为节约费用，在撰写电子邮件时，尤其是在撰写多个邮件时，应在脱机状态下撰写，并将其保存于草稿箱中。然后在准备发送时再连接网络，一次性发送。

利用网络办公时所撰写的必须是公务邮件，不可损公肥私，将单位邮箱用作私人联系途径之用，不得将本单位邮箱地址告诉亲朋好友。

在地址栏上撰写时，应准确无误地键入对方邮箱地址，并应在主题栏简短地写上邮件主题，以便对方对所收到的信息先有所了解。

在消息栏上撰写时，应遵照普通信件或公文所用的格式和规则。邮件篇幅不可过长，以便收件人阅读。

邮件用语要礼貌规范，以示对对方的尊重。撰写英文邮件时不可全部采用大写字母，否则就像是发件人对收件人盛气凌人的高声叫喊。

不可随便发送无聊、无用的垃圾邮件，无端增加网络的拥挤程度。

要保守国家机密，不可发送涉及机密内容的邮件，不得将本单位邮箱的密码告诉他人。

2. 接收与回复

接收与回复电子邮件时，通常应注意以下几点：

应当定期打开收件箱，最好是每天都查看一下有无新邮件，以免遗漏或耽误重要邮件的阅读和回复。

应当及时回复公务邮件。凡公务邮件，一般应在收件当天予以回复，以确保信息的及时交流和工作的顺利开展。若涉及较难处理的问题，则可先告知发件人已经收到邮件，再择时另发邮件予以具体回复。

若由于出差或其他原因而未能及时打开收件箱查阅和回复邮件时，应迅速补办具体事宜，尽快回复，并向对方致歉。

未经他人同意不要向对方发送广告邮件。

发送较大文件需要先对其进行必要的压缩，以免占用他人信箱过多的空间。

尊重隐私权，不要擅自转发别人的私人邮件。

三、微信礼仪

随着微信越来越深地融入我们的生活，它也在改变着我们的交流方式，新的社交礼仪因此孕育而生。在微信中，怎样聊天才算有礼貌呢？

(1)及时回复他人的微信，如果没能及时回复，也要在方便的时候向对方解释原因，并表示歉意。

(2)能打字的尽量别发语音，特别是汇报工作或者有其他重要且复杂的事项需要和他人沟通时。如果对方在开会或者在上课，很可能不方便听语音，而文字总是一目了然，也节省阅读时间。即使对方现在有空，但如果连续收到五六条时长 1 分钟的微信，换作你，是不是也会有崩溃的感觉？

(3)不要狂轰滥炸。在微信群里聊天时，你可以扮演话题引导者和气氛活跃者的角色，但要把握好度，不要一天 24 小时时不时“狂轰滥炸”一番，发一些没有营养的“垃圾信息”，不停刷屏。

(4)不要强求别人点赞。尽量不要在微信群里发广告，以及不要强行要求群成员点赞。

(5)注意发送的内容。不要发没有根据和有伤风化的内容。不造谣、不传谣、不信谣，不煽动他人情绪，坚决远离不良信息。

(6)巧用表情符号。聊天时适当加个表情符号，会让人产生亲近感，能够更直观地表达自己的情绪，也能通过符号释放出你的善意和愿意与对方沟通互动的心意，活跃聊天气氛。当然，发表情也要适度，千万别刷屏！

(7)懂得网络专属语气含义。有些词是带有网络专属语气含义的。比如，噢噢＞哦哦＞哦，嗯嗯＞嗯，呵呵＝敷衍地回应。如果与他人聊天时，对方总回复“哦”或者“嗯”，表明对方很可能有其他事，没有专注和你聊天，或者对方不想继续和你聊下去了，要懂得适可而止。

(8)不要随意拉别人进群。不要随意拉别人进微信群，除非是为对方解决问题。要想到你的朋友们被你莫名其妙地拉进群后，他们有可能立刻会接到很多要求加为朋友的验证请求，而有些人并不愿意和很多陌生人建立联系。

(9)注意发消息的时间。不要在半夜或凌晨发消息，在这个时间段很多人都在休息，提示消息的声音会打扰对方休息，同时对方在这个时候也不一定会及时回复你。如果对方不回，不要连续发。

知识巩固与礼仪训练

一、知识判断

1. 与熟悉的客户打电话可以使用方言。 (　　)

2. 为能预约到客户，晚上可以把电话打到客户家里。 (　　)

3. 对方看不到自己时，可以躺、靠在椅子上打电话。 (　　)

4. 接电话时可以边吃零食边说，以使自己的“底气”更足。 (　　)

5. 接电话应是响过四五声再从容地接起来。 (　　)

6. 如果是其他同事的业务电话，要立即大声地喊他过来接电话。 (　　)

7. 如果电话意外中断了，即使知道对方是谁也不应该主动打过去，而是等对方打过来。 (　　)

8. 在和客户谈事的时候，如果手机响了，应该避开客户到其他地方接听。 (　　)

9. 电子邮件的开头和结尾最好有问候语。 (　　)

10. 通过邮件能看出一个人为人处世的态度。 (　　)

11. 一定要小心谨慎地使用附件功能。 (　　)

12. 发出商务邮件时要确认。 (　　)

13. 收到商务邮件要回复，非常重要的商务邮件要在48小时内回复。 (　　)

14. 写商务邮件时不用表情符号。 (　　)

二、礼仪训练

1. 王某是某制衣公司销售部的一名新员工，在参加公司春季新款服装销售会议上，王某想利用这一机会发言博得大家的注意并留下一个好印象。请为王某拟写发言提纲。

2. “PK之战”实训活动。

(1)由学生推选出8名代表，组建正方、反方两队。

(2)正方队的观点是“街亭失守，错在马谡”，反方队的观点是“街亭失守，错不在马谡”，两队就各自观点开展“PK之战”。

(3)选出优胜队，并由两队各推选“PK之星”一名，两队队员(或派代表)上台剖析自身的优缺点，最后教师做评析和总结。

三、案例评析

一个秘书的经历

王芳是在某公司工作多年的秘书，主要负责接待以及外线电话的转接。她现在已经是一名优秀的秘书了，可在她成长过程中也出现过许多大大小小的错误，现仅举两个典型例子。

其一，王芳刚做秘书时，认为打电话不过是连三岁小孩都会做的简单事情，但发生的一件事情让她改变了这种观点。一次，总经理让她询问对方对合同中几个条款的看法，她没有认真研究这几个条款，也没有询问总经理的意见，马上拨通对方的电话。当对方提出几个方案时，她无法和对方进行任何交流，自然也无法侧面了解对方的真实意图。慌乱之中，她竟忘了做电话记录，整整半个小时的通话，在她脑中是一片空白。幸好她比较坦诚，如实向总经理做了汇报，总经理亲自打电话表示歉意，才如期签订了合同。自从那件事发生后，她专门准备一个笔记本记录电话内容等信息，有关计算机文件也及时保存、备份。

其二，王芳每天负责处理大量的电子邮件，除了那些垃圾邮件，她将所有往来邮件都保留在电子邮箱中。这样做确实带来很多方便，即使出差也可以从邮箱中查阅历史文件。但有一段时间，她连续七天没有收到任何邮件，给客户的邮件也没有收到任何回复。她用电话跟客户联系，客户说发出去的邮件全部被退回，她赶紧请教有关计算机人员，才发现这是她的邮箱空间爆满所致。

思考

1. 打电话前应该思考哪些问题？

2. 使用电子邮件应注意什么？

中国传统敬语大全

敬语也作敬词，是含尊敬口气的用语，也是对人表示礼貌的一种用语，可以体现人的修养。中国传统文化博大精深，敬语是其中很重要的一部分，很多常用敬语都是自古慢慢发展演化而来的。

阁下：本义指楼阁之下，借指在楼阁之下待命的下属人员。为了表达敬意，古人在称呼对方时，不直呼其人，而轻呼其侍从转告之，“因卑以达尊”。这样，“阁下”就逐渐泛化成了一般的敬称。

夫人：“夫人”一词在古代有特定的含义。《礼记·曲礼下》：“天子之妃曰后，诸侯曰夫人。”诸侯的妻子称作“夫人”。明清时一品和二品官员的妻子被封为“夫人”。后来用“夫人”尊称一般人的妻子，有抬高对方身份之意。

尊：本义是“酒器”，即后来的“樽”字。段玉裁《说文解字注》中记载：“凡酒者必实于尊以待酌者……凡酌酒者必资于尊，故引申以为‘尊卑’字。”古人饮酒，十分讲究礼仪，敬酒往往是必不可少的环节。敬酒这一动作和酒器“尊”之间的关联性经过长期的积淀，形成了固定的联想，于是“尊”字也就引申出了“尊敬”之意，进一步抽象化，具有了敬语的语用功能。

常用的敬语有很多，可以分为敬辞、谦辞、婉辞、客套语几个类别。

“令”字一类，用于称呼对方的亲属。如：

令尊：对方的父亲。

令堂：对方的母亲。

令郎：对方的儿子。

令爱、令嫒：对方的女儿。

“拜”字一类，用于自己的行为涉及对方时。如：

拜读：阅读对方的文章。

拜访：访问对方。

拜服：佩服对方。

拜贺：祝贺对方。

拜托：托对方办事情。

拜望：探望对方。

“奉”字一类，用于自己的动作涉及对方时。如：

奉告：告诉。

奉还：归还。

奉陪：陪伴。

奉劝：劝告。

奉送、奉赠：赠送。

“惠”字一类，用于对方对待自己的行为动作。如：

惠存：(多用于送人相片、书籍等纪念品时所题的上款)请保存。

惠临：指对方到自己这里来。

惠顾：(多用于商店对顾客)来临。

惠允：指对方允许自己(做某事)。

惠赠：指请求对方赠送(财物等)。

“恭”字一类，表示恭敬地对待对方。如恭贺、恭候、恭请、恭迎、恭喜等。最常见的如“恭喜发财”“恭贺新禧”。

“垂”字一类，用于别人(多是长辈或上级)对自己的行动。如：

垂爱：(多用于书信)对方对自己的爱护。

垂青：别人对自己的重视。

垂问、垂询：别人对自己的询问。

垂念：别人对自己的思念。

“贵”字一类，称与对方有关的事物。如：

贵干：问人要做什么。

贵庚：问人年龄。

贵姓：问人姓氏。

贵恙：称对方的病。

贵子：称对方的儿子(含祝福之意)。

贵国：称对方国家。

贵校：称对方学校。

常用敬语：

卫冕：指竞赛中保住上次获得的冠军称号。

驾临：称对方到来。

见教：指教(我)，如“有何见教”。

见谅：表示请人谅解。

借光：用于请别人给自己方便。

借重：指借用其他人的力量。

金婚：在欧洲称结婚五十周年。

金兰：可用作结拜为兄弟姐妹的代称，如“义结金兰”。

进见：前去会见(多指见首长)。

进言：向人提意见(尊敬或客气的口气)，如“向您进一言”“大胆进言”。

晋见：进见。

觐见：(书)朝见(君主)。

垂问：表示别人(多指长辈或上级)对自己的询问。

垂爱：称对方(多指长辈或上级)对自己的爱护(多用于书信)。

久违：好久没见。

久仰：仰慕已久(初次见面时说)。

问鼎：指谋图夺取政权(中性词)。

伉俪：(书)夫妻。

劳步：用于感谢别人来访。

劳驾：用于请别人做事或让路。

留步：用于主人送客时，客人请主人不要送。

蒙尘：(书)蒙受灰尘(多指君主因战乱逃亡)。

名讳：旧时指尊长或所尊敬的人的名字。

内眷：指女眷。

内人：对别人谦称自己的妻子。

赏脸：用于请对方接受自己的要求或赠品。

舍间：谦称自己的家，也称“舍下”。

舍亲：自己的亲戚。

泰山、泰水：岳父、岳母。

托福：依赖别人的福气使自己幸运。

模块五 会面礼仪

学习目标

- 在交际中得体地称呼对方、问候对方
- 得体地进行自我介绍、介绍他人，更好地与人相处
- 熟练运用标准的握手等见面礼节
- 接待、拜访要符合礼仪规范

案例导入

如此会面

小李今年刚大学毕业，在大华公司总经理办公室做秘书工作。一天，公司王总派他到机场去接广州明光公司销售部的吴丽晶经理。小李准时来到机场，在出口处吴经理见到小李手中的字牌，走到小李面前说："你好！你是小李吧，我是吴丽晶！"小李连忙用不太标准的普通话说："是的是的，我是小李，您好！您就是广州过来的狐狸精(吴丽晶)吧？我是王总派来接您的。我是东方大学行政管理专业毕业的研究生，现在是王总的秘书。"他一边说，一边伸手准备与吴经理握手。面对小李这样的称呼、这样的自我介绍、这样的握手方式，吴经理会是什么感觉呢？

问题

1. 小李在与吴经理会面中存在哪些礼仪问题？
2. 会面时应注意哪些礼仪？

会面是交际的开始。一个人在社会中生存、发展，必须以各种形式与他人进行交往。没有交往就难以合作，没有合作就难以生存、发展。会面礼仪是与人交往时最基本、最常用的礼节，它最能反映一个人的礼仪水平，可以帮助我们顺利地走进交际的殿堂。人们见面后互相问候，不熟悉的人之间互相介绍，然后握手，互换名片，寒暄之后才进入正题。这看似简

单的礼仪规则，表达着丰富的交际信息。掌握基本的会面礼仪，能使现代人适应各种社交场合，赢得交际对象的好感，塑造良好的社交形象。

任务一 称 呼

在社会交往中，交际双方见面时，如何称呼对方，与双方的亲疏、了解程度、尊重与否及个人修养等有着直接的关系。一个得体的称呼，会令彼此心情愉快，为以后的交往打下良好的基础；不恰当或错误的称呼，会令对方不悦，影响彼此的关系乃至交际的成功。

一、称呼礼仪的基本要求

(1)要采用常规称呼。常规称呼，即人们平时约定俗成的较为规范的称呼。

(2)要区分具体场合。在不同的场合，应该采用不同的称呼。

(3)要坚持入乡随俗。应了解并尊重当地风俗。

(4)要尊重个人习惯。

二、常规性称呼

1. 姓名称谓

姓名，即一个人的姓氏和名字。姓名称谓是使用比较普遍的一种称呼形式。用法大致有以下几种情况：

(1)全姓名称谓，即直呼其姓和名，如“李大伟”“刘建华”等。全姓名称谓有一种庄严感，一般用于学校、部队或其他郑重场合。一般情况下，在人们的日常交往中，指名道姓地称呼对方是不礼貌的，甚至是粗鲁的。

(2)名字称谓，即省去姓氏，只呼其名字，如“大伟”“建华”等，这样称呼显得既礼貌又亲切，使用的场合比较广泛。

(3)姓氏加修饰称谓，即在姓之前加一修饰字。如“老李”“小刘”“大陈”等，这种称呼亲切、真挚。这种称谓一般用于在一起工作和生活中相互比较熟悉的同事之间。

(4)过去的人除了姓名之外还有字和号，这种情况在民国时期还很普遍。这是相传已久的一种古风。古时男子20岁取字，女子15岁取字，表示已经成人。平辈之间用字称呼既有礼貌又文雅，为了对自己不熟悉的人表示尊敬，一般宜以号相称。

2. 亲属称谓

亲属称谓是对有亲缘关系的人的称呼，中国古人在亲属称谓上尤为讲究，主要有：

(1)对亲属的长辈、平辈决不称呼姓名、字号，而按对方与自己的关系称呼，如祖父、父亲、母亲、胞兄、胞妹等。

(2)有姻缘关系的，前面加“姻”字，如姻伯、姻兄、姻妹等。

(3)称别人的亲属时，前面加“令”或“尊”字，如尊翁、令堂、令郎、令爱、令侄等。

(4)对别人称自己的亲属时，前面加“家”字，如家父、家母、家叔、家兄、家妹等。

(5)对别人称自己的平辈、晚辈亲属，前面加“敝”“舍”或“小”字。如敝兄、敝弟、舍弟、舍侄、小儿、小婿等。

(6)在与亲属交谈提到自己时，可加“愚”字，如愚伯、愚岳、愚兄、愚甥、愚侄等。

随着社会的进步，人与人之间的关系发生了巨大变化，原有的亲属、家庭观念也发生了很大的改变。在亲属称谓上已没有那么多讲究，只是书面语言上偶用。现在我们在日常生活中，使用亲属称谓时，一般都是称自己与亲属的关系，十分简洁明了，如爸爸、妈妈、哥哥、弟弟、姐姐、妹妹等。

有姻缘关系的亲属，在当面称呼时，也有了改变，如岳父—爸，岳母—妈，姻兄—哥，姻妹—妹等。

称别人的亲属时和对别人称自己的亲属时也不那么讲究了，如：您爸、您妈、我哥、我弟等。不过在书面语言上，文化修养高的人，还是比较讲究的，不少人仍沿袭传统的称谓方法，显得高雅、礼貌。

3. 职务称谓

职务称谓就是用对方所担任的职务作称呼。这种称谓方式，古已有之，目的是不称呼其姓名、字号，以表尊敬，如杜甫，因他当过工部员外郎而被称为“杜工部”，诸葛亮因是三国时期蜀汉丞相而被称为“诸葛丞相”等。现在人们用职务称谓的现象已相当普遍，目的也是表示对对方的尊敬和礼貌。主要有三种形式：

(1)用职务称呼，如“李局长”“张科长”“刘经理”“赵院长”“李书记”等。

(2)用专业技术职务称呼，如“李教授”“张工程师”“刘医师”，对工程师、总工程师还可称“张工”“刘总”等。

(3)职业尊称，即用其从事的职业工作当作称谓，如“李老师”“赵大夫”“刘会计”，不少行业可以用“师傅”称呼。

4. 性别称呼

一般约定俗成地按性别的不同分别称呼为“小姐”“女士”“先生”。其中，“小姐”“女士”二者的区别在于：未婚者称“小姐”，不明确婚否者则可称“女士”。

三、称呼禁忌

我们在使用称呼时，一定要避免下面几种失敬的做法。

1. 错误的称呼

常见的错误称呼无非就是误读或是误会。

误读也就是念错姓名。为了避免这种情况的发生，对于不认识的字，事先要有所准备；如果是临时遇到，就要谦虚请教。误会，主要是对被称呼者的年纪、辈分、婚否以及与其他人的关系判断错误。比如，将未婚妇女称为“夫人”，就属于误会。

2. 使用不通行的称呼

有些称呼具有一定的地域性，比如山东人喜欢称呼别人为“伙计”，但南方人听来“伙计”肯定是“打工仔”。中国人把配偶经常称为“爱人”，在外国人的意识里，“爱人”并不一定是夫妻。

3. 使用不当的称呼

工人可以称呼为“师傅”，道士、和尚、尼姑可以称为“出家人”。但如果用这些来称呼其他人，可能会让对方产生自己被贬低的感觉。

4. 使用庸俗的称呼

有些称呼在正式场合不适合使用。例如，“兄弟”“哥们儿”等一类的称呼，虽然听起来亲切，但显得档次不高。

5. 称呼外号

对于关系一般的人，不要自作主张给对方起外号，更不能用道听途说的外号去称呼对方，也不能随便拿别人的姓名开玩笑。

得体的称呼让你赢在起跑线上

王露是某公司的一个小职员，去年刚刚毕业。说起职场称呼，她满脸兴奋，“我应聘时就是因为一句称呼转危为安的”。

去年应聘时，由于她在考官面前太过紧张，有些发挥失常，就在她从考官眼中看出拒绝的意思而灰心时，一位中年男士走进了办公室和考官耳语了几句。在他离开时，她听到人事主管小声说了句“经理慢走”。那位男士离开时从王露身边经过，给了她一个善意鼓励的眼神，王露灵光一闪，忙起身，毕恭毕敬地对他说：“经理您好，您慢走！”她看到了经理眼中些许的诧异，然后他笑着对自己点了点头。等她再坐下时，她从人事主管的眼中看到了笑意……

后来她顺利地得到了这份工作。人事主管后来告诉她，本来根据她那天的表现，是打算刷掉她的。但就是因为她对经理那句礼貌的称呼，人事部门觉得她还是能够胜任行政客服工作的，所以对她的印象有所改观，录用了她。

任务二　介　绍

在人际交往中，介绍是一个非常重要的环节。可以说，人际交往始自介绍。换言之，跟任何外人打交道，如果把介绍这个程序去掉了，可能就非常唐突。那么，什么是介绍呢？介绍，就是向外人说明情况。

一、介绍的类型

从礼仪的角度来讲，可以把介绍分为四类：

(1)自我介绍。也就是说明个人的情况。

(2)为他人做介绍。由第三方出面为不相识的双方做介绍。

(3)集体介绍。在大型活动社交场合，把某一个单位、某一个集体的情况向其他单位、其他集体或其他人说明，便属于集体介绍。

(4)业务介绍。

二、介绍的一般要点

从礼仪的角度来讲，做介绍时，主要有以下几个要点：

1. 介绍的时机

注意这个是介绍的“时机”，而不是介绍的“时间”，它包括时间、地点、场合。在有的地方，是不方便做介绍的，比如，你在看电影，你边上来了一个熟人，这时候大家看电影需要保持肃静，就不适合喋喋不休地替不相识的人做引见或者介绍。

在我们拜访客户的时候，最好是先递名片再介绍。交换名片时也有个时机的问题，最好是一见面就把名片递过去，再重复下自己的名字。

2. 介绍的主角

介绍的主角，即由谁出面来做介绍。比如，现场只有两个人，一老人一孩子或是一前辈一后辈，双方总得有一个人主动说明情况。那么，谁主动来说明情况呢？这里要记住一条规则，即一般都是由地位低的人首先向地位高的人说明情况。

3. 表达的方式

表达的方式，即介绍的时候需要说什么，需要如何说。不能该说的不说，也不能废话连篇，更不能信口开河。

三、自我介绍

自我介绍，即将本人介绍给他人。在人际交往中如能正确地自我介绍，不仅可以扩大自己的交际范围，而且有助于自我展示、自我宣传，能够在交往中消除误会，减少麻烦。

在有些场合有必要进行适当的自我介绍，如在交往中与不相识者相处时；有不相识者表现出对自己感兴趣时；有不相识者要求自己做自我介绍时；有求于人，而对方对自己不甚了解，或一无所知时；旅行途中，与他人不期而遇，并且有必要与之建立临时关系时；自我推荐、自我宣传时；欲结识某些人或某个人，而又无人引见时，自我介绍的注意事项如下：

(1)注意时机：要抓住时机，在适当的场合进行自我介绍，比如对方有空闲，而且情绪较好，又有兴趣时，这样就不会打扰对方。

(2)讲究态度：态度一定要自然、友善、亲切、随和。自我介绍时，应彬彬有礼，既不唯唯诺诺，也不虚张声势，真诚地表达自己渴望认识对方的情感。语气要自然，语速要正常，语音要清晰。

(3)自信大方：在自我介绍时镇定自若，落落大方，有助于给人以好感；相反，如果你流露出畏怯和紧张的情绪，结结巴巴，面红耳赤，则会为他人所轻视，彼此间的沟通便有了阻隔。

(4)注意时间：自我介绍时要言简意赅，尽可能地节省时间，而且愈短愈好。话说得多了，不仅显得啰唆，而且交往对象未必记得住。为了节省时间，做自我介绍时，还可利用名片加以辅助。

(5)注意内容：自我介绍的内容包括 3 项基本要素，即本人的姓名、供职的单位以及具体部门、担任的职务和所从事的具体工作。这 3 项要素，在自我介绍时，应连续报出，这样既有助于给人以完整的印象，又可以节省时间。自我介绍时，要做到真实诚恳，实事求是，不可自吹自擂，夸大其词。

(6)注意方法：进行自我介绍，应先向对方点头致意，得到回应后再向对方介绍自己。应善于用眼神表达自己的友善，表达关心以及沟通的渴望。如果你想认识某人，最好预先获得一些有关他的资料或情况，诸如性格、特长及兴趣爱好。这样在自我介绍后，便很容易融洽交谈。在获得对方的姓名之后，不妨口头加重语气重复一次，因为每个人最乐意听到自己的名字。

四、为他人介绍

为他人介绍，又叫第三方介绍。为他人做介绍要把握时机，要注意介绍的礼仪、介绍的顺序和介绍时的肢体语言。

1. 为他人介绍的时机

下述情况，通常有必要为他人做介绍：在家中，接待彼此不熟识的客人；在办公地点，接待彼此不熟的来访者；与家人外出，路遇家人不相识的同事或朋友；陪同亲友，前去拜会亲友不相识者，等等。

2. 为他人介绍的注意事项

(1)注意介绍的礼仪。为他人做介绍时，态度要热情友好，不要厚此薄彼。不可以详细介绍一方，而粗略介绍另一方。介绍前，应先向双方打招呼，使其具有思想准备。介绍时，语言应清晰、准确。作为被介绍者，在被介绍给他人时，一般都应面向对方，并做出礼貌的回应。例如，可以说“幸会”“久仰大名”“认识您非常高兴”等。

(2)掌握正确的介绍顺序。为他人做介绍时，记住一个原则“尊者居后”，即把身份、地位较低的一方介绍给身份、地位较高的一方，以表示对尊者的敬重。在口头表达上应先称呼受到尊敬的一方，再将被介绍者介绍出来。因此，介绍的顺序应该为将男士介绍给女士、将未婚者介绍给已婚者、将晚辈介绍给长辈、将职位低者介绍给职位高者、将客人介绍给主人、将个人介绍给团体。比如，先把职位低者介绍给职位高者时，可以这样说：“张总，这是王秘书。”然后介绍说：“王秘书，这是张华总经理。”

当被介绍人是同性别或年龄相仿或一时难以辨别其身份、地位时，可以先把与自己关系较熟的一方介绍给自己较为生疏的一方。例如，先说：“陈强，这是我的同学方刚。”然后说：“方刚，这位是陈强。”

(3)运用恰当的肢体语言。做介绍时，介绍人应起立，行至被介绍人之间。在介绍一方时，应微笑着用自己的视线把另一方的注意力吸引过来。手的正确姿势应为手指并拢，掌心向上，胳膊略向外伸，指向被介绍者。作为介绍人，在为他人做介绍时，一定不要敷衍了事或油腔滑调，也不要用手指对被介绍人指指点点。

五、集体介绍

集体介绍，实际上是介绍他人的一种特殊情况，它是指被介绍的一方或者双方不止一人的情况。相对个人介绍来说，集体介绍更需要掌握一些规范，才能保持良好的礼仪形象。

1. 集体介绍的场合

应进行集体介绍的场合有：

(1)正式的大型宴会。

(2)大型的公务活动。

(3)举行会议。

(4)涉外交往活动中，参加活动的宾主双方皆不止一人。

(5)演讲、报告、比赛时。

(6)会见、会谈时。

(7)规模较大的社交聚会中，有多方参加，各方均可能有多人。

(8)接待参观者、访问者时。

2. 集体介绍的顺序

进行集体介绍的顺序，可参照他人介绍的顺序，也可酌情处理。但应注意，越是正式、大型的交际活动，越要注意介绍的顺序。

单向介绍：在演讲、报告、比赛、会议、会见时，往往只需要将主角介绍给广大参加者。

笼统介绍：若一方人数较多，可采取笼统的方式进行介绍，例如，“这是我的家人”“这是我同学”。

双向介绍：双方地位、身份大致相似时，应遵循“少数服从多数”的原则，先介绍人数较少的一方。双方地位、身份存在差异时，地位高者虽然人数较少或只有一人，也应将其放在尊贵的位置，最后加以介绍。

多方介绍：若被介绍的不止两方，需要对被介绍的各方进行位次排序，排列的顺序可以是以座次顺序为准、以抵达时间的先后为准、以其负责人身份为准、以单位名称的英文字母顺序为准、以其单位规模为准、以距离介绍者的远近为准。

此外，在进行集体介绍的时候，我们一定要注意：首次介绍应准确使用全称，不要使用易生歧义的简称。介绍时一定要严肃，不要开玩笑。

任务三　握　手

两人相向，握手为礼，是当今世界最为流行的礼节。不仅熟人、朋友，连陌生人、对手，都可能握手。握手常常伴随寒暄、致意，如你（您）好、欢迎、多谢、保重、再见等。握手礼含义很多，视情况而定，可以表示相识、相见、告别、友好、祝贺、感谢、鼓励、支持、慰问等不同意义。

一、握手礼的由来

说法一：战争期间，骑士们都穿盔甲，除两只眼睛外，全身都包裹在铁甲里，随时准备冲向敌人。如果要表示友好，互相走近时就脱去右手的甲胄，伸出右手，表示没有武器，握手言好。后来，这种友好的表示方式流传到民间，就成了握手礼。当今行握手礼时也都不戴手套，朋友或互不相识的人初识、再见时，先脱去手套，才能施握手礼，以示对对方的尊重。

说法二：握手礼来源于原始社会。早在远古时代，人们以狩猎为生，如果遇到素不相识的人，为了表示友好，就赶紧扔掉手里的打猎工具，并且摊开手掌让对方看一看，示意手里没有藏东西。后来，这个动作被武士们学到了，他们为了表示友谊，不再互相争斗，就互相摸一下对方的手掌，表示手中没有武器。随着时代的变迁，这个动作就逐渐形成了现在的握手礼，成为我们日常生活中最常用到的礼节。

说法三：握手礼来源于原始社会。当时，原始人居住在山洞，他们经常打仗，使用的武器是棍棒。后来他们发现，消除敌意、结为朋友最好的表达方式就是见面时先扔掉手中的棍棒，然后再挥挥手。

二、现代握手礼

现代握手礼通常是先打招呼，然后相互握手，同时寒暄致意。握手礼流行于许多国家，是在交往时最常见的一种见面、离别、祝贺或致谢的礼节。

1. 握手顺序

主人、长辈、上司、女士主动伸出手，客人、晚辈、下属、男士再相迎握手。长辈与晚辈之间，长辈伸手后，晚辈才能伸手相握；上下级之间，上级伸手后，下级才能接握；主人与客人之间，主人宜主动伸手；男女之间，女方伸出手后，男方才能伸手相握；即使男性年长，甚至是女性的父辈年龄，在一般的社交场合中仍以女性先伸手为主，除非男性已是祖辈年龄，或女性未成年，则男性先伸手是适宜的。但无论什么人，如果一方忽略了握手礼的先后次序而已经伸了手，另一方都应毫不犹豫地回握。

2. 时间和力度

男士之间或女士之间行握手礼时，只要遵从一般规范即可，握手时间及握手的力度都比较随便。但是与异性握手，或者与长者、贵宾握手，则要遵从特定礼仪规范。

握手的力量、姿势与时间的长短往往能够表现握手人对对方的不同礼节与态度，应该根据不同的场合以及对方的年龄、性格、地位等因素正确使用。握手的时间要恰当，握手时间控制的一般原则可根据双方的熟悉程度灵活掌握。初次见面握手时间不宜过长，以三秒钟为宜。切忌握住异性的手久久不松开，与同性握手的时间也不宜过长。

握手时的力度要适当，可握得稍紧些，以示热情，但不可太用力。男士握女士的手应轻一些，不宜握满全手，只握其手指部位即可。如果下级或晚辈与你的手紧紧相握，作为上级和长辈一般也应报以相同的力度，这容易使晚辈或下级对自己产生强烈的信任感，也可以使你的威望、感召力在晚辈或下级之中得到提高。与长者、贵宾、上级握手，不仅是为了表示问候，还有尊敬之意。

握手时除了注视对方和面带微笑外，还应注意应由长者、贵宾、上级先伸手，如果你过于主动就显得不礼貌。

握手时身体稍往前倾，不能挺胸昂头。当年长者伸手时，年轻者应急步趋前，用双手握住对方的手，并说出“欢迎您”“见到您很高兴”等热情洋溢的话语。

两对男女相遇，应先是女士与女士先握手，再由女士分别与男士握手，最后再是男士与男士握手。

3. 正确方法

行握手礼时，不必相隔很远就伸直手臂，也不要距离太近。一般距离一步左右，上身稍向前倾，伸出右手，四指齐并，拇指张开，双方伸出的手一握即可，不要相互攥着不放，也不要用力使劲。若和女士握手时，不要满手掌相触，而是轻握女士手指部位。

握手礼还可表示向对方进行鼓励、赞扬、致歉等。正确的握手方法是：时间宜短，要热情有力，要目视对方。女子同外国人握手时，手指与肩部要自然放松，以备男宾可能要行吻手礼。

注意事项：

(1)一定要用右手握手。

(2)握手的时间一般以1～3秒为宜。当然，握手的时间过长，或是只用手指漫不经心地触碰对方的手都是不礼貌的。

(3)被介绍之后，最好不要立即主动伸手。年轻者、职位低者被介绍给年长者、职位高者时，应根据年长者、职位高者的反应行事，即当年长者、职位高者用点头致意代替握手时，年轻者、职位低者也应随之点头致意。和女性握手时，一般男士不要先伸手。

(4)握手时，年轻者对年长者、职位低者对职务高者都应稍稍欠身相握。有时为表示特别尊敬，可用双手迎握。男士与女士握手时，一般只宜轻轻握女士手指部位。男士握手时应脱帽，切忌戴手套握手。

(5)握手时应注视对方，微笑致意或问好，多人同时握手时按顺序进行，切忌交叉握手。

(6)在任何情况下拒绝对方主动要求握手的举动都是无礼的，但手上有水或不干净时，应谢绝握手，同时必须解释并致歉。

4. 握手时不礼貌的行为

(1)男士戴着帽子和手套。

(2)长久的握着异性的手不放。男士与女士握手时间要短一些，用力更轻一些。

(3)用左手同他人握手。

(4)交叉握手，不要越过其他人正在相握的手同另一个人握手。

(5)握手时目光左顾右盼。

5. 握手禁忌

(1)不要用左手相握，尤其是和阿拉伯人、印度人打交道时要牢记，因为在他们看来左手是不洁的。

(2)不要在握手时戴着手套或墨镜，只有女士在社交场合戴着薄纱手套握手才是被允许的。

(3)不要在握手时另一只手插在衣袋里或拿着东西。

(4)不要在握手时面无表情、一言不发或长篇大论、点头哈腰、过分客套。

(5)不要在握手时仅仅握住对方的手指尖，好像有意与对方保持距离。正确的做法是要握住整个手掌。

(6)不要在握手时把对方的手拉过来、推过去，或者上下左右抖个没完。

(7)不要拒绝和别人握手，即使有手疾或汗湿、弄脏了，也要和对方说一下"对不起，我的手现在不方便"，以免造成不必要的误会。

任务四　名　片

现在的商业拜访、商业会谈或者是一些商业社交等场合，我们都会通过自我介绍或者是通过别人的介绍，来结识新的客户或者是合作伙伴。但是现在更多的时候，我们需要通过递送名片，让别人对我们有一个更深的印象。

一、名片的起源与功能

1. 名片的起源

名片，初见于西汉史籍，时称"谒"。《释名·释书契》载："谒，诣也；诣，告也。书其姓名于上，以告所至诣者也。"东汉时，谒又叫名刺，据《后汉书》载，祢衡曾身怀名刺求见于人。在挖掘的汉墓中发现，这种谒或名刺，系木简，长 22.5 厘米，宽 7 厘米。上有执名刺者名字，还有籍贯，与今名片大抵相似。

至唐代，木简名刺改为名纸。唐代长安新科进士以红笺名纸互换，以便交流。晚唐又唤作门状、门启，都是自报家门的一种方式。宋代的名纸还留有主人的手迹，据南宋张世南在《游宦纪闻》中记述，他藏有黄庭坚和秦观书写的名纸。北京故宫博物院还藏有北宋书法家蔡襄的《门屏帖》，据陆游在《老学庵笔记》考证，《门屏帖》类似"名刺"。

元代易名刺为"拜帖"，明清时又称"名帖""片子"。内容也有改进，除自报姓名、籍贯，还书写了官职。清代《竹枝词》有诗为证，"是新拜帖都兴小，三寸来长二寸宽""红笺二寸书名姓，曾许怀间半刺通"。从诗中所知，清代的名帖很小，而且还是梅红纸。经考证，清代人的名帖已经不同于唐人手写，而是写好楷书，镌好木戳，印在梅红纸上。后来又出现了白纸名帖(详见徐珂的《清稗类钞·风俗类》)。

"名帖"与今天的名片的格式几乎相同，而女子的名片，已婚者还加上了夫家姓氏。其大小尺寸也有常式：阔二寸，长三寸。名帖为文人交流、拜访之用，通常主人拜访朋友，让仆人或书童将名帖交对方门公，门公再呈于自家主人。苏州长篇弹词《描金凤》中有一段，写苏州人钱志节因求雨有功，去北京拜访宰相，门公要他交 500 两银子才肯通报。据王定保《唐摭言》载，这在唐朝已成风习。而在清朝李百川所著小说《绿野仙踪》中，有考生投帖求见，主人冷于冰不想见，便让门公说自己不在家，可见名帖在当时已很流行。

唐宋文人出外拜客，还喜带个拜匣，拜匣中有笔墨，可当场手书。清代印制了名帖，手书名帖少了，除非主人是大书法家，有意露一手。拜匣亦为文物，清末民初的拜匣制作得十分精致，匣盒系木制或漆器，上绘山水人物图，今故宫博物院收藏的拜匣典雅精美，有很高的欣赏价值。

到了明代，统治者沿袭了唐宋的科举制度，读书便成了一般人改善生活的唯一出路，识字的人随之大量增加。人们交往的机会增加了，学生见老师，小官见大官都要先递上介绍自己的“名帖”，即唐宋时的“门状”。“名帖”这时才与“名”字有了瓜葛，明代的“名帖”为长方形，一般长七寸、宽三寸，递帖人的名字要写满整个帖面。如递帖给长者或上司，“名帖”上所书名字要大，“名帖”上名字大表示谦恭，“名帖”上名字小会被视为狂傲。

清朝才正式有“名片”称呼。清朝是中国封建社会的终结，由于西方的不断入侵，国家与外界交往增加了，和国外的通商也加快了名片的普及。清朝的名片开始向小型化发展，特别是在官场，官小使用较大的名片以示谦恭，官大使用较小的名片以示地位。

2. 名片的功能

(1)自我介绍

初次会见他人，以名片做辅助性自我介绍，效果甚好。它不但可以说明自己的身份，强化效果，加深对方对自己的印象，而且还可以节省时间。

(2)结交朋友

没有必要遇见陌生人便递上自己的名片。换言之，主动把名片递给别人，便意味着对对方的友好、信任和希望深交之意。也就是说，巧用名片，可以为结交朋友“铺路架桥”。

(3)维持联系

名片犹如“袖珍通讯录”，利用它所提供的资料，即可与名片的提供者保持联系。正因为有了名片上所提供的各种联络方式，人们的“常来常往”才变得更加现实和方便。

(4)业务介绍

公务式名片上列有归属单位等内容，因此，利用名片亦可为本人及所在单位进行业务宣传，扩大交际面，争取潜在的合作伙伴。

(5)通知变更

利用名片，可以及时地向老朋友通报本人的最新情况。如晋升职务、乔迁新居、变换单位、电话改号之后，可以用新名片向老朋友打招呼，以使对方对自己的有关情况了解得更加充分。

(6)拜会他人

初次前往他人居所或工作单位进行拜访时，可将本人名片交由对方的门卫、秘书或家人，转交给被拜访者，以便对方确认“来系何人”，并决定见与不见。这种做法比较正规，可避免冒昧造访。

(7)简短留言

拜访他人不遇，或者需要请人转达某件事情时，可在名片上写下几行字，或一字不写，然后将它留下，或托人转交。这样做，会使对方“如闻其声，如见其人”，不至于误事。

(8)用作短信

在名片的左下角，以铅笔写下几行字或短语，寄交或转交他人，如同一封长信一样正式。若内容较多，也可写在名片背面。在国外，流行以法文缩略语写在名片左下角，以慰问、鼓励、感谢、祝贺他人。如：n. b. 意即“提请注意”，p. f. 意即“祝贺”，p. r. 意即“感谢”，p. c. 意即“谨唁”，p. p. 意即“介绍”，p. p. c. 意即“辞行”，p. f. n. a. 意即“贺年”。

(9)用作礼单

向他人赠送礼品时，可将本人名片放入其中，或装入不封口的信封中，再将该信封固定于礼品外包装的上方。这是说明“此乃何人所赠”的标准做法。

(10)替人介绍

介绍某人去见另一人时，可用回形针将本人名片(居上)与被介绍人名片(居下)固定在一起，必要时还可在本人名片左下角写上意即“介绍”的法文缩写“p. p.”，然后将其装入信封，再交予被介绍人。这是一封非常正规的介绍信，能够受到高度重视。

二、名片的设计

名片主要用于社交和公务。社交名片内容简单些，只印上姓名及联络方式就可以了。而公务名片，内容需要更详细些，主要包括姓名、单位及地址、职务或职衔、办公电话、邮编、邮箱等内容。个人名片尺寸以 9 厘米×5.2 厘米为常见，通常是一张白色或淡黄、淡蓝等朴素大方色调的硬纸卡片，若使用其他材质，如金属、皮革等，就显得过分了。名片上面可印单位的图像标记，但不要太花哨。文字要美观、简洁，突出姓名和职衔、职称(不超过两个)。如有对外业务，可印中外两种文字，正面为本国文字，反面为英文或其他外文。女士名片上一般不留家庭地址和住宅电话。有人将照片也印上，很无必要，因为并不是所有拿到你名片的人，都会精心保存，一旦被丢弃，将会很尴尬。

三、递收名片的礼仪要点

1. 递送名片

(1)应双手递送名片以示尊重。单手递名片是失礼的。若对方是较为传统的人士，更应注意用双手递送名片，避免对方觉得你很无礼。

(2)名片应正面向上，名字面向对方。

(3)面带微笑，应注视对方的眼睛。不可眼神飘忽游移，不可上下打量对方。

(4)职位较低的人应主动递送名片。

(5)对方人数若多于一人，应以职位高低为序，或按实际情况(如众人坐在餐桌)，以顺时针或由近至远为序。

(6)若双方同时交换名片，应以右手递出，左手接过。

2. 接收名片

(1)名片代表着对方。你对待名片的方式，直接体现了你对对方的重视程度和自身的礼貌修养。

(2)若是坐着，应该站起来接收名片。若是在不便站起的场合，应欠身以示尊重。

(3)用双手接过名片，微笑点头致谢。即使对方单手递出，或态度随便，我们也应该双手接过名片。

(4)接过名片后不看或粗略扫一眼就马上收起是很失礼的。最好是念一下对方的名字和公司职务，以示尊重和感兴趣，也有利于记住对方。若遇到不认识的字或不知该如何正确发音，可以请教对方。

(5)将名片收置于合适的地方，如名片夹、公文包等，上衣口袋亦可。实在无地方可放，用手拿着，也绝对不要放在裤子口袋里。

(6)商务会议时，可将名片放在桌上或自己的名片夹上，临近结束时再收起。名片上的字应朝向自己。若和多位客户会谈，可将名片按照座位顺序摆放，避免称呼错对方。

3. 禁忌

(1)不要给每个人都发放自己的名片。随意在一群陌生人中间发名片，会被人误会你在推销。

(2)任何时候都不要用左手递送名片。

(3)不要递出脏污的名片。

(4)不要将自己的名片放在钱包里，否则容易引起误会和反感。

(5)收到对方名片，将其暂时放在桌子上时，应避免在名片上放置任何东西。若在餐桌上，应及时收起名片。

(6)离开时不要忘记将对方的名片收起带走。将对方的名片留下是极其无礼的举动，对方可能因此而考虑是否合作。

(7)若向对方递送自己名片后，对方无回应，自己不应强求，亦不可追问对方是否忘记带名片。若是对方地位职务远高于你，更要避免向对方索要名片。

(8)不要在对方名片上写画。如果对方向你补充了些信息，你应在自己的笔记本上记下，而非为了便利在对方名片上做标注。

任务五 宴 请

一、宴请的规则

在宴请活动中，需注意以下五方面的规则。

1. 费用

在准备宴请前，首先要弄清宴请的额度和标准，即对各层次的客户的接待标准。宴请标准限定了安排的菜品、酒水等。

王永庆批单

被誉为台湾“经营之神”的王永庆很会把握做事情的分寸，他通过处理单位的宴请单来管理单位的宴请费用。

一次，销售人员拿着一万元的宴请费用单找王永庆批复。这让王永庆陷入矛盾中，如果批复，则纵容单位人员的“吃喝风”，如果不批，则会打击销售人员的工作积极性。最终，他选择批复单子，但在单子上写明“大吃大喝”。

销售人员再报销的时候耍小聪明，把金额一万元的宴请发票开为三张，每张金额三千多元。王永庆同样批了单子，但在上面写明“天天吃”。

从此，销售人员就有所顾忌，为了避免“大吃大喝”和“天天吃”，就能不请则不请，能合并一起请就合并一起请，同时在点菜方面进行了适当调整，为公司节约了成本。

2. 宴请的人

针对宴请的人，应把握如下要点：

(1)注意对方的级别。宴请的人的级别不同，安排的菜品也应有所区别。所以在宴请前，一定要清楚地知道对方的级别。

(2)提前了解对方的禁忌。只有提前了解对方在食物方面的禁忌，才能在点菜时加以注意。比如，宴请外宾时，不能出现动物的内脏、头、爪等食物。

(3)提前了解对方的相关背景。通过了解对方的相关背景，可以在餐桌上找到更多恰到好处的共同话题，从而拉近双方的关系。需要指出的是，双方谈话时应避免三类话题：对方的禁忌话题、政治敏感话题、其他单位或合作第三方的是非话题。

3. 菜单

在宴请点菜时，要注意把握以下几点：

(1)顾及双方的感受。点菜时，接待方要询问客人是否有忌口，尽可能地顾及客人的感受。作为客人，没有必要告诉对方自己想吃什么，但也要给出一个可以参照的标准，否则容易让人觉得无所适从。另外，不要拒绝接待方的点菜要求，可以点价格中等偏上的菜肴，既显示出品位，又不会让人觉得要求过高。

(2)菜量适当。如果女士居多，假设人数为 N，则点 $N+1$ 个菜即可，最好以素菜为主，有一至两份甜品；如果男士居多，需要多加两个菜，最好以肉菜为主，做到男女兼顾。

(3)营养搭配。点菜时要了解菜品的营养，进行营养配餐，既要兼顾男女的口味，又不可过于油腻或过于清淡。

(4)少而精，风味浓。点菜时不要满桌都是生猛海鲜，有一至两种“门面菜”即可，当地的特色菜和时令菜是不错的选择。

(5)菜单安排合理。宴请中，需合理安排菜单，按规格点菜。

4. 环境

宴请时还要考虑酒店的环境，尤其是在进行重要接待时，必须保持环境优雅、安静。

为保证环境质量，接待人员可以提前预约酒店。如果经常有宴请，可以联系一两个卫生条件、环境、服务等都较好的餐厅长期合作。

5. 举止

在用餐过程中，举止要得体、礼貌。

二、宴会餐桌酒的规范

1. 配酒规范

配酒的规范有两个：

(1)好酒配好菜。俗话说：“无酒不成席。”宴会中要根据餐桌上的菜品确定酒水，确保酒水与菜品的价格、品质相匹配。

(2)选择当地特色酒。餐桌上点酒时，可以选择当地自产的特色酒，然后在谈话时介绍酒的历史和营养，既可以宣传酒文化，也能拉近与客人的关系。

2. 斟酒规范

总的来说，斟酒规范包括八点：

第一，在酒店里一般是服务员斟酒。

第二，主人可以为客人斟酒，男士可以为女士斟酒，但女士一般不主动给自己斟酒。

第三，副主陪坐在进门位置，负责跑腿、催菜、付账，也负责斟酒。

第四，斟酒时，斟酒者需右手握住酒瓶的下1/3处，左手托住瓶子。

第五，斟红酒时，酒不可朝向对方，酒瓶口不能挨上酒杯；酒杯不用拿起，在酒倒得差不多时，将瓶子旋转一下收回。

第六，倒酒时，白酒可以倒满酒杯，但不可溢出，应倒八分满然后收酒即为满杯；倒红酒时，大杯倒1/3杯、小杯倒2/3杯为宜。

第七，把握斟酒的顺序，一般是先给主宾斟，然后给领导斟。

第八，不要反手斟酒，否则是对他人的不敬。

3. 饮酒规范

饮酒规范包括三个方面：

第一，作为客人，喝红酒时要先品酒，如摇一摇，稍微闻一下味道，喝一小口，在嘴里旋转一圈后咽下，然后赞美味道。

第二，拿红酒杯时，不可以握满掌或者抓杯肚，只需拿住杯子下端的支架。

第三，女士喝酒时需小心衣服和口红，如果杯子上留下口红印，应用餐巾纸悄悄将其擦净，或者让服务员更换杯子，最好的方法是选择不沾杯的口红。

4. 敬酒规范

宴请客人时，敬酒也有规则：

第一，由接待方的领导(主人)敬第一杯酒。比如，在大型宴会中，领导都会到台上说祝酒词，然后所有人举杯共饮。如果桌子很多，领导敬完酒后，每一桌的主陪要再敬同桌的每个人，或者领导敬每一桌；如果桌子少，应按照级别由高到低的顺序依次敬酒，最后大家互敬，切忌抢在领导之前敬酒。

第二，最后一杯酒也由领导敬，一般要喝完，表示宴会即将结束。

第三，向人敬酒时要有说辞，即给被敬酒者一个喝酒的理由。

第四，碰杯时，敬酒者的杯子端得要比对方的杯子略低，以表示尊敬，碰完杯后立刻将杯子收回。如果对方也很谦让，可以双手敬酒，或一只手在下方轻托对方的酒杯。

第五，碰完杯后，不一定要把酒杯中的酒全部喝完，量力而为即可。

第六，喝完酒后，应向敬酒者示意一下“我喝了”，然后再放下酒杯。

第七，不可向对方灌酒，同时要学会挡酒。在中国，喝酒注重的是氛围、情感，设饭局是为拉近关系，因此要讲究挡酒的方法。

第八，在照顾主客和领导的同时，不能冷落其他人。

第九，敬酒前考虑好敬酒的顺序，分清主次，避免出现尴尬的情况。一般来说，应从位高者开始，顺时针敬酒。

三、宴请座次安排

宴请座次安排需讲究，不同的身份有不同的位置。通常情况下，正对门的位置为领导或者主人的位置。

在大的宴会厅中，如果宴请时有两位领导，可以采取下图所示的方式排列座次，让两位领导都能感到受尊重。

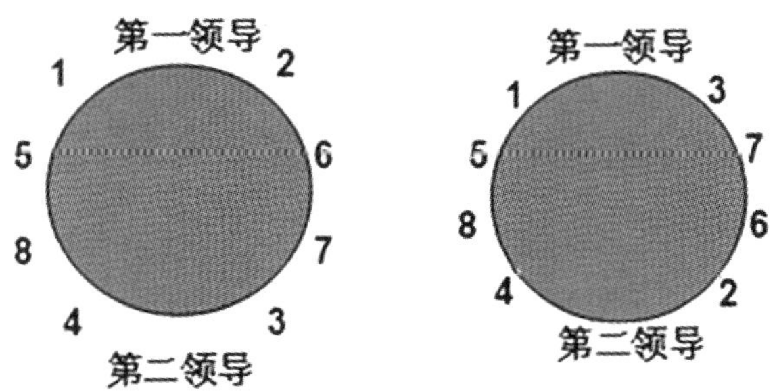

公务宴请座次安排(一)

如果宴会时只有一位领导，那么领导应坐在正对门的主位，其正对面的位置(背对门的座位)为副主位，负责催菜等服务工作。如下图所示，一般 7 的位置为副主位，职位越低越靠近 7 的位置。

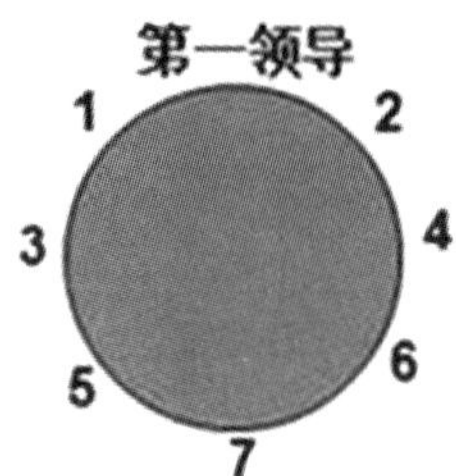

公务宴请座次安排(二)

此外，从桌花的摆放方向也可看出领导的位置，桌花的花头较高一边为主人位置，左右均为客人。

四、宴会餐桌礼仪

1. 餐桌礼仪禁忌

(1)在别人夹菜时转桌。转桌子要顺时针转，在转之前先看是否有人在夹菜，同时要避免碰倒别人的杯子。

(2)手机放在餐桌上。手机不要放在餐桌上，应尽量调成静音或者震动，以体现对领导或客人的尊重。

(3)拾取掉落的餐具。如果筷子等餐具掉地，切忌弯腰拾取，直接让服务员换一副新的即可。

(4)遇事不够淡定。宴请时吃到不好的东西时，要淡定处理，如借口上洗手间等，切忌一惊一乍。

(5)举止不优雅。不优雅的举止包括很多种，较为典型的有：

第一，吃饭、喝汤时发出声音。

第二，用个人的勺子到公共汤盘或菜盘中取食。

第三，嘴里含着食物说话。

第四，说话没有分寸，没有顾忌身份限制。

第五，当众剔牙。男士剔牙时需左手拿餐巾纸，右手持牙签，转向级别低的人那一侧剔牙，用过的牙签与餐巾纸一起包起来放到骨碟旁边。女士尽量不要在餐桌上剔牙，应选择去洗手间。

第六，把胳膊肘放在桌子上。没开餐之前，聊天、喝水时都可以，但不能把胳膊肘放到桌子上。

第七，坐姿不当。吃中餐时身体可以适度前倾，吃西餐时需立腰而坐。

第八，大肆发名片。不经任何交流，就大肆分发名片，很容易引起他人的反感。

2. 西餐餐桌礼仪

(1)餐具使用方法。使用餐具时，应注意以下要点：

第一，右手拿刀，左手拿叉，胳膊肘稳住，然后用刀叉叉住食物切一块放入嘴里。英式吃法讲究的是切一块吃一块，大部分人习惯美式吃法，即切完后把叉子换到右手再吃。

第二，说话时不宜动刀叉。

第三，不同的刀叉摆放方法，表达的意思也不同。比如，刀叉呈八字形摆放，表示即将返回，继续用餐；刀叉并起来摆放，表示这道菜已用完，可以收走。

(2)食用面包的方法。吃面包时，要揪下来一块抹上黄油，然后吃掉，再去揪一块抹黄油吃，千万不要拿一大片面包抹上黄油，再一口一口吃掉。

(3)正确使用菜单。如果在座位前放置了一张菜单，要清楚该菜单是为方便客人合理安排进食而准备的。

(4)喝咖啡的注意事项：

第一，喝咖啡时用夹子夹起方糖放入咖啡匙中，融到咖啡杯里，或夹起方糖轻轻放入咖啡杯里，切勿直接把方糖扔进咖啡杯中，以防咖啡溅起。

第二，喝咖啡应该先加糖后加奶，而且咖啡匙只能用于搅拌，不能舀。

第三，喝咖啡时应提前拿咖啡匙沿着杯子的底部轻轻搅动咖啡，然后拿出咖啡匙放到咖啡碟上。

第四，走动时，需要端起碟子与咖啡杯，一手拿杯子一手拿咖啡碟；坐着时，端咖啡杯喝即可。

第五，若既要喝咖啡又要吃点心，应该将两者分开，切忌一手拿咖啡、一手拿点心。

知识巩固与礼仪训练

一、知识判断

1. 商务见面要赢得客户好感，称呼要讲究入乡随俗。（　　）

2. 与同事刚刚结识，为了增加同事对自己的好感，与之称兄道弟。（　　）

3. 小白去拜访以前的大学老师，两人见面时，小白先伸出了右手。（　　）

4. 大鹏是公司新来的同事，部门主管在将其介绍给同一部门的女孩王美时，大鹏先伸出右手。（　　）

5. 佳佳去上司家做客，上司开门后热情地伸出了右手。（　　）

6. 介绍的礼仪次序是把年长者先介绍给年轻人，上司先介绍给下属，女性先介绍给男性。（　　）

7. 在商务交往中，为了显示自己的身份，多多地把自己的头衔印在名片上。（　　）

8. 为方便对方联系，名片上一定要有自己的私人联系方式。（　　）

9. 在商务用餐时，要利用好时机发名片，以加强相互之间的联系。（　　）

10. 接过名片时要马上阅读名片上的内容，互换名片之后，应将名片放入名片夹中。（　　）

二、礼仪训练

情景模拟：2人为一组，情景自拟(假设在咖啡厅偶遇、在会议场所想要结识他人、在办公室拜会他人等)，情景表演内容要包含称呼、自我介绍、握手、名片交换等。表演完毕后，表演者进行解说，教师予以点评。

三、案例评析

握手的魅力

玫琳凯·艾施(1918—2010年)最初是一名推销员，她在一次会议结束后，想和经理握手，但由于和经理寒暄的人太多，她排队等候了三个小时。后来，终于轮到她了，可经理在握手时却瞧都不瞧她一眼，而是用眼睛去看她身后的队伍还有多长。善良的玫琳凯很伤心，虽然她知道经理一定很累，可自己也等了三个小时，同样也很累呀！她的自尊心受到了伤害。于是，玫琳凯暗下决心：如果有那么一天，有人排队等着同自己握手，自己一定要把注意力全都集中在对方身上——不管自己有多累！

1963年，玫琳凯自己创办了一家公司。之后，她曾多次站在队伍的前方同数百人握手，每次都要持续好几个小时。可是无论多累，她总是牢记当年自己握手时受到的冷遇，握手时总设法同对方说句话哪怕只有一句，如“我喜欢你的发型”或“你穿的衣服很好看”。她与每一个人握手时，总是全神贯注，不允许任何事情分散自己的注意力。

玫琳凯让与她握手的人都觉得自己是世界上最重要的人。于是，玫琳凯的公司迅速发展壮大，成为世界著名的公司——玫琳凯化妆品公司。

思考

1. 从商务礼仪的角度评析玫琳凯与其上司的握手。
2. 评析玫琳凯的握手为何充满“魅力”，请阐述理由。
3. 玫琳凯化妆品公司的成功与玫琳凯的握手方式有关吗？请说明理由。
4. 评析玫琳凯的握手经历，你从中有哪些感悟？

中国餐饮文化历史悠久，菜肴在烹饪中有许多流派。川、鲁、粤、苏四大菜系形成历史较早，后来，浙、闽、湘、徽等地方菜也逐渐出名，于是形成了中国的“八大菜系”，即鲁菜、川菜、粤菜、苏菜、闽菜、浙菜、湘菜、徽菜。中国人发明了炒、烧、煎、炸、煮、蒸、烤、拌等烹饪方式，又向其他民族学习了扒、涮等方式，用来制作各种菜肴。

菜系	口味
鲁菜	鲁菜讲究原料质地优良，以盐提鲜，以汤壮鲜，调味讲究咸鲜纯正，突出本味。雍容华贵、中正大气、平和养生（咸鲜为主，火候精湛，精于制汤，善烹海味，注重礼仪）
川菜	调味多变，菜式多样，口味清鲜醇浓并重，善用麻辣调味(鱼香、麻辣、椒麻、怪味、酸辣诸味)
粤菜	选料精细，清而不淡，鲜而不俗，嫩而不生，油而不腻。擅长小炒，要求掌握火候和油温。还兼容许多西菜做法，讲究菜的气势、档次。粤菜由广州菜(也称广府菜)、潮州菜(也称潮汕菜)、东江菜(也称客家菜)三种地方风味组成，主要是量精而细，配料多而巧，装饰美而艳
苏菜	用料严谨，注重配色，讲究造型，四季有别。烹调技艺以炖、焖、煨著称；重视调汤，保持原汁。内又细分金陵菜、淮扬菜、苏帮菜，口味平和。善用蔬菜，以“金陵三草”和“早春四野”驰名。淮扬菜，讲究选料和刀工，擅长制汤
闽菜	尤以“香”“味”见长，具有清鲜、和醇、荤香、不腻的特点。三大特色：一长于红糟调味，二长于制汤，三长于使用糖醋
徽菜	擅长烧、炖、蒸，而爆、炒少，重油、重色、重火功。其独到之处集中体现于烧、炖、熏、蒸类的功夫菜上，不同菜肴使用不同的控火技术，形成酥、嫩、香、鲜的独特风味，其中最能体现徽式特色的是滑烧、清炖和生熏法
湘菜	口味多变，品种繁多；油重色浓，讲求实惠；香辣、香鲜、软嫩。重视原料互相搭配，滋味互相渗透。湘菜调味尤重酸辣。相对而言，湘菜的“煨”功夫更胜一筹，几乎达到炉火纯青的地步。煨，在色泽上可分为红煨、白煨，在调味方面有清汤煨、浓汤煨和奶汤煨。小火慢炖，原汁原味
浙菜	菜式小巧玲珑，清秀俊逸，菜品鲜美滑嫩，脆软清爽。善于运用香糟调味。烹调技法丰富，在烹制海鲜河鲜时有其独到之处。口味注重清鲜脆嫩，保持原料的本色和真味。菜品形态讲究，精巧细腻，清秀雅丽

模块六　职场礼仪

学习目标

- 遵循办公室的各项礼仪规范，使自身的职业生涯有一个良好的起点
- 工作中与上司、同事间的礼貌相处
- 做好求职面试的各项准备
- 在面试中得体地与面试官进行交流

案例导入

“铁哥们儿”宋先生

“咱们的关系咋样?”是宋先生的一句口头禅，通常说完这句话，不等你回答，宋先生自己又接着说：“不错吧，是不是?”望着他那眯成两条缝的小眼睛，谁好意思否认呢？既然是关系不错的铁哥们儿，就得像个铁哥们儿的样子，比如说没有烟抽了，宋先生就挨桌子地搜寻，看到谁抽屉里有，管他半盒还是一盒，抓住就装到自己的口袋里；上班时渴了，不管谁的茶杯，端起就喝；最有失分寸的是，他连刮胡刀都没有，今天用这个的，明天用那个的。谁要是不高兴，那句口头禅就从他弯成一道弧线的嘴里滑了出来，让你哭笑不得，单位里的人背地里谈起宋先生，都忍不住地摇头摆手。

问题

1. 宋先生不符合职场礼仪规范的行为表现在哪些方面?
2. 职场礼仪包括哪些方面?

任务一　工作交往礼仪

一、与领导相处的礼仪

在工作中，和领导相处是一门艺术。想要让领导喜欢，仅仅在原则性问题上不犯错是不够的，还需要在细节礼仪与忌讳事项上多加注意。下面介绍在日常工作中和领导谈话以及和领导保持良好关系的细节礼仪。

1. 和领导谈话的细节

谈话是加强沟通、联系上下级关系的一条重要纽带，因此，作为下级一定要重视和领导的谈话，把握住自己的分寸。具体地说，应注意以下几个细节。

(1)谈话要主动。作为下属，可以积极主动地与领导交谈，渐渐地消除彼此间可能存在的隔阂，使上下级关系正常、融洽。与领导进行工作上的讨论及打招呼是不可缺少的，这不但能去除对领导的恐惧感，也能使自己的人际关系圆满，工作顺利。

(2)态度要不卑不亢。对领导应当尊重，领导一般有突出的地方，或是才干超群，或是经验丰富，因此，对领导要做到有礼貌、谦逊。但是，绝不要采取“低三下四”的态度。绝大多数有见识的领导，对那种一味奉承、随声附和的人，是不太重视的。在保持独立人格的前提下，应采取不卑不亢的态度与领导谈话。

(3)时机要适当。领导每天要考虑的问题很多，应当根据自己问题的重要与否，选择适当时机去反映。假如你是为个人琐事，就不要在他正埋头处理公务时去打扰他。如果你不知领导何时有空，不妨先给他写张纸条，写上问题的要点，然后请求与他交谈。或写上你请求面谈的时间、地点，与他先约定。

(4)事先要做好准备。在谈话时，应充分了解自己所要说的要点，简练、扼要、明确地向领导汇报。如果有些问题是需要请示的，自己心中应有两个以上的方案，而且能向上级分析各方案的利弊，这样有利于领导做决断。为此，应当事先弄清每个细节，做到随时可以回答。如果领导同意某一方案，应尽快将其整理成文字再呈上，以免日后领导又改了主意，造成不必要的麻烦。要先替领导考虑所提方案的可行性。有些人明知客观上不存在解决问题的条件，却一定要去找领导，结果造成了不欢而散的结局。

2. 和领导处理关系的细节

与领导保持良好的人际关系对任何员工来说都是非常重要的。但人们对这个问题的认识，往往有两种错误倾向：一种认为，处理好上下级关系只是上级的事，我是他的下属，应该由他来赏识我、器重我，调动我的积极性，我只要尽职工作就行了，不用去操这份心。谁知到头来自己工作干得不少，却“吃力不讨好”，只能感叹“工作好做，人事难处”

了。另一种认为，与上级搞好关系就是培养庸俗的好感，于是奉承、讨好、溜须拍马，既丧失自己的人格尊严，也于工作无益。

(1)学会倾听，充分领会领导的命令。与领导交谈是与上级发展关系的一个重要形式。在听领导谈话时，我们往往非常紧张，过于关注领导话语中对自己是肯定还是否定，是批评还是褒奖的种种信息，或忙碌地思考着自己如何应对，往往没听清上级说话。正确的做法应该是不仅听清上级所谈的一切，而且要听清他所隐含的意思。这样就意味着能概括他谈话的所有要义，并做出机智的应对。要做到这一点，我们应该把注意力集中到领导的谈话上来，当领导讲完后可以思考片刻，然后向他提一两个用以澄清他谈话要点的问题，不一定是比较复杂的问题，即使是答案很明确的是非题也可，意在强调自己注意并把握了他的谈话要点。或者用相对容易理解的措辞，把他的谈话主旨概括地说一下。

(2)学会简明扼要地汇报。向领导汇报情况，简短是必要的。简短意味着有选择、简洁、清晰。将一份备忘录压缩在一页之内，这是一个很好的做法。如果一定要写一个详细的报告给领导，那么最好用一页篇幅将整个报告的内容概括一下，将其置于全文之首。一篇好文章反映的不是写作的能力，而是善于思考的能力。想得透彻，才能写得明了。因此，在写任何呈文时，都要把问题想透彻，然后再动笔。这是使呈文简洁明了、使领导爱看的一个重要因素。

(3)掌握提建议的要诀。如果想提出一个能让领导接受的观点或建议，应该将论据认真整理，按最有利于阐明观点的方法逐一呈示出来，并尽一切可能让它来表达主张。一个好的方法是向领导提供可供选择的多个方案，并分别说明各个方案的长短利弊，让领导去抉择。这种提供建议的方法可以让领导做出最终决定，同时也迫使个人对问题想得更透彻，结果对两方都有好处。

(4)不要直接反对领导的提议。如果你认为他的提议不合适，你应将你的意见变通成问题提出来，让他斟酌。如果你有领导没掌握的数据来说明你的反对意见，那就更好了。

(5)独立解决你的问题。我们能为领导所做的最好的事是做好我们的工作。一个有能力的领导通常是乐观主义者，他也希望他的下属有相同的素质。积极进取的行为不仅仅是一种策略，而且是一种内在素质所表现出来的行为姿态。一个富有经验的下属，在他的语言中很少用到“困惑、危机、挫折”一类词，而会把困难的局面看成“挑战”，并设计出迎接挑战的计划。没有比一个员工不能完成自己分内的工作更浪费领导时间的了。独立地克服困难，不仅能培养员工有效工作的能力，而且能提高员工在领导眼中的价值。

(6)当你发现自己无法完成某项工作时，应及时地向你的领导说明情况。这种情况下他产生的烦恼会比以后才知道要少得多。

(7)了解你的领导。对于领导的工作习惯、职业目标、爱好与厌恶等，我们都应该了解。如果领导是一个体育运动爱好者，那么就不应该在他喜欢的队输掉比赛后的第二天早晨，去请示一个等待解决的问题。一个精明老练、有见识的领导是很欣赏深刻了解他、并能预见他的愿望与心情的下属的。

二、与同事相处的礼仪

一个人在一天的工作中，大部分时间是和同事在一起。同事之间相处得如何，直接关系到自己的工作、事业的进步和发展。同事之间关系融洽、和谐，人们就会感到心情愉快，有利于工作的顺利进行。而同事之间既合作又竞争的关系特点，会使得同事关系微妙复杂。学会同事间的交往艺术，对自己的工作和生活都有很大帮助。

1. 互相尊重

孟子有云："爱人者，人恒爱之；敬人者，人恒敬之。"要处理好复杂的同事关系，必须要懂得尊重他人。尊重同事，就要尊重同事的隐私。背后议论他人的隐私，会损害其名誉，可能造成同事间关系的紧张。当同事在写东西、阅读书信或打电话时，应回避。尊重同事，还在于不轻易翻动同事的东西。如果要找同事的东西，要请同事代找，如果他本人不在，要先征得同事的允许。

2. 真诚相待

办公室是一个小社会，也是一个小集体。同事间要真诚相待、互相帮助、互相理解、互相宽容。这样的集体才能成为一个团结战斗的集体。同事有困难时，应主动伸出援助之手；当某位同事受挫时，要热情地鼓励他，帮助他走出困境；当同事间发生误会时，要有度量，应主动道歉，说明情况，征得对方的谅解，这样会增进双方的感情，使关系更加融洽。

3. 经济往来一清二楚

同事之间可能互相借钱、借物、馈赠礼品或请客吃饭，但不能大意或是忘记，每一项都要清楚明白，即使是小款项也应记在备忘录上，以提醒自己及时归还。向同事借东西如不能及时归还，应向对方说明情况。总之，同事间的经济往来要清楚明白，无论是有意或无意地占人便宜都会影响同事之间的关系。

4. 透明竞争，权责分明

同事之间既有合作，也避免不了竞争。与同事共处应遵守尊重、配合的原则，明确权责，尽量施展自己的才华，但绝不轻率地侵犯同事的业务领域。应在透明、公平的竞争中，各自施展才华并求得发展。不要过分表现自己，免得落下哗众取宠的名声，最后剩下孤家寡人。但是也不可组建自己的小团伙，制造流言蜚语中伤某位竞争对手。同时做事要尽力而为，量力而行，踏踏实实做好自己的本职工作，不让别人有诋毁自己的机会，努力创造更多与同事沟通的机会，增进同事间的感情，消除彼此间的隔阂，在合作中良性竞争。

5. 言谈要得体

与同事交谈时，一定要注意语言得体、有分寸。工作场合中要保持高昂的情绪，即使遇到挫折、饱受委屈、得不到上级的信任时，与同事交谈也不要牢骚满腹、怨气冲天。不要把痛苦的经历当作谈资一谈再谈，这样会让人敬而远之。谈论自己和别人时，不要滔滔不绝，要观察对方的反应来决定谈话应不应该继续进行。在与同事相处中，不要得理不饶人，这不利于同事之间的交往。要知道，一个好的倾听者，就是一个好的谈话者。善于倾听别人，能表现出自己对对方的关心与尊重，使对方获得满足感，从而愿意与自己交流。同事之间，善于倾听的人能拥有更多的朋友。

任务二　办公室礼仪

办公室里最能体现一个人是否具备良好的素质和个人修养，因为办公室是日常工作的地方，同事们在这里朝夕相处，很多礼仪需要我们注意。良好的礼仪不仅能树立个人和组织的良好形象，也会关系到一个人的前程和事业发展。

一、办公室内的一般礼仪规范

1. 不要随便打电话

有些公司规定办公时间不要随便接听私人电话，一般在外国公司，用公司电话长时间、经常性地打私人电话是不允许的。私人电话顾名思义只能私人听，在办公室里打，则难免会被人听到。即使公司允许用公用电话谈私事，也应该尽量减少电话次数和时间。

2. 要守时

要按时上班，遵守上班、下班、午餐时间规定，不迟到、早退，否则会给公司留下一个懒散的印象。另外，要严格遵守工作纪律，一般不能在上班时间随便外出办私事。

3. 不诿过

如果自己做错了事，要勇于承担责任，绝不诿过于人。

4. 主动帮助别人

当看到同事有需要帮助的事情，一定要热心地帮助解决。在任何一个工作单位，热心助人的人都有好人缘。

5. 不要随便打扰别人

当你已经将手头的工作干完，一定不要打扰别人，这样是不礼貌的。

6. 爱惜办公室公共用品

不要随便把办公室的公共用品拿回家，也不要浪费公共用品。

复印机使用规范

复印机也是日常办公中使用最为普遍的办公设备之一，使用复印机应该注意以下几点：

(1)在公司最好不要复印个人的资料。

(2)在使用的过程中，如果和其他的同事碰到一起，可以是先到先复印或者是赶时间的先复印，出于礼貌，可以让同事先用。如果正在复印，应该礼貌地请后来的同事等一会儿。

(3)复印完东西以后，记得关闭机器。如果用完了纸，记得添加上。

(4)如果在复印的时候遇到问题，或者弄坏复印机，一定要告知同事或者联系相关人员来维修，切忌自己默默走开。

二、办公室环境礼仪

当人们走进办公区的情绪是积极的、稳定的，就会很快进入工作角色，不仅工作效率高，而且质量好；反之，情绪低落，则工作效率低、质量差。如果在办公区能保持一个整洁、明亮、舒适的工作环境，就会使员工产生积极的情绪从而充满活力，工作也会变得卓有成效。

随着现代化进程的加快，人们的办公“硬件”水平逐渐提高，办公环境也在不断改善，人们的工作效率也应该相应地提高。同时，为了保持一个良好的办公环境，人们也要注意一些相应的礼仪。

(1)不在公共办公区吸烟、扎堆聊天、大声喧哗，节约水电，禁止在办公家具和公共设施上乱写、乱画、乱贴，保持卫生间清洁，在指定区域内停放车辆。

(2)饮水时，若不是接待来宾，应使用个人的水杯。不得擅自带外来人员进入办公区，会谈和接待要安排在洽谈区域。最后离开办公区的人员应关灯、门窗。

(3)个人办公区要保持清洁。当有事离开自己的办公座位时，应将座椅推回办公桌下方。

(4)下班离开办公室前，应该关闭所用机器的电源，将桌面的物品归位，锁好贵重物品和重要文件。

三、办公室谈话的注意事项

(1)一般不要谈薪金等问题。在美国等西方国家一般最忌讳谈薪金问题，不论是你问别人的薪水，还是别人问你的薪水，都不合时宜。因为在许多公司，每一个人的工作不一样，得到的报酬也是不一样的。

(2)不要谈论私人生活和反映你个人不愉快情绪的消极话题。不要在办公室讨论你遇到的不好的事情和现在不好的心情，因为这会影响别人的情绪，或者引起别人对你不好的看法，不要将自己的私人生活全部暴露在同事的面前。

(3)不要评论别人。在办公室里最忌讳的是谈论别人的是非，中国有句古话：当面多说好话，背后莫议人非。当有人在评论别人时，不要插嘴，也不要充当谣言的传播者。

(4)在谈论自己和别人时注意别人的反应。要观察别人的反应来决定谈话是不是继续进行，因为当别人对你所谈论的话题不感兴趣时，就应该转移话题，否则，这样的谈话就会成为大家的负担，而不是一种快乐。

职场新人：办公室礼仪“六要六不要”

1. 上下班礼仪——不要吝惜一句基本的问候

要：早上到达办公室，向周围的同事点头致意，并且微笑着说一句：“早上好。”下班离开时，清理好桌面，对还在办公桌上忙碌的同事说一句：“我先回家了，明天见。”

不要：早上匆匆忙忙跑进办公室，不和任何人打招呼，一屁股坐到椅子上，边看电脑边吃早点。吃完的早点不及时处理，而是随手扔在了自己桌下的废纸篓，散发出异味。

2. 过道内的礼仪——低头不见抬头见

要：在办公室过道内遇见同事或者客户，请微笑示意，并略微侧身走过。遇见领导可以略微驻足，示意让领导先过。

不要：在过道里只和熟悉的同事交流，遇到不认识的马上收起笑脸，一言不发；遇到领导也是笔直冲过。

3. 使用电脑和电话的礼仪——注意噪声污染

要：敲打键盘时请避免产生过大的键盘敲击声。在办公区域接听电话时请要注意控制音量，并长话短说。

不要：打字时发出很大的响声，或者边打字边吃一些发出较大咀嚼声的零食。接听电话如同在自家客厅，恨不得办公室的同事都知道自己的精彩人生。

4. 进入领导办公室礼仪——注意大方得体

要：门开着也请轻轻敲门，得到允许后方可进入。看到领导在打电话应该立刻退出。内容简短时请站着汇报，经领导示意后再坐下。汇报工作时请保持得体的姿态，特别是女性员工在汇报工作时请不要倚靠在桌子上或者与领导太过亲密，否则极易造成误会。

不要：像一阵旋风一样横冲直撞，还自我感觉良好。

5. 同事间相处礼仪——互相尊重，保持适当距离

要：保持尊重和合作的态度即可。对于自己的上级或者比自己资深的员工，可以采用敬语称呼。多为同事分担些力所能及的小事，这也是快速融入团队、建立信任感的有效方式。

不要：过分亲密或者打听他人隐私，在办公室开过分的玩笑或者给同事起绰号。

6. 电梯礼仪——举手之劳，能做就做

要：在高楼里面办公，每天进出电梯是"例行工作"之一。请自觉排队，在电梯还有空间的情况下，帮后进入的同事按住"开"按钮。如果自己站的位置正好在按键附近，也请主动问一声挤在角落的朋友："去几楼?"这些虽是小事，但是给人的印象是极为正面的。

不要：进入电梯之后，立刻狂按"关门"键；在电梯里面打电话；见到熟人或者同事低头不语。

任务三 面试礼仪

面试是一种经过组织者精心设计，在特定场景下，以考官对考生的面对面交谈与观察为主要手段，由表及里测评考生的知识、能力、经验等有关素质的一种考试活动。它不仅包括求职面试，还包括升学面试、公务员面试等。面试的过程可分为以下几个部分：面试前的准备、面试的前十分钟、面试交谈、人事主管给求职者提问机会、结束面谈。

面试礼仪是职场礼仪的一种，它是面试者在面试过程中与招聘单位、接待者、招聘者接触时应具备的礼貌行为和仪表规范。它通过面试者的应聘材料、应聘语言、仪态举止、服饰等方面体现出来，是面试者文化修养、道德水准、个性特征的体现。因此，它对于求职者能否实现自身愿望、能否被理想的单位所录用起着重要作用。

面试礼仪要从面试前的准备开始，然后是面试礼仪细节，最后是面试结束后的礼仪。

一、面试前的准备

1. 信息准备

在和面试官见面之前，一定要对公司有一个系统的了解，如公司性质、发展规模、产品特性、客户市场等，了解了这些信息就有助于和面试官展开更多的话题。另外，要对面试的流程有所了解。若是对面试流程一无所知，那么在面试的时候你将四处碰壁，更别提去注意礼仪方面的细节了。

2. 知识准备

因为有着不同的学历和经验，所以每个人都有不同的知识结构。在面试之前，应该仔细分析你的知识结构以及申请工作的能力和质量要求。在此基础上，找到你知识的优势和盲点，以便利用自己的优势弥补盲点。

3. 材料准备

不管面试什么岗位，都需要准备一些材料，像自己的简历和学历证书等材料，在面试之前最好放在一个文件袋里，前一天晚上放到书包里，准备好第二天的面试，这样才能避免自己忘记带简历，面试时一旦忘记携带简历，面试官就会怀疑你面试的诚意，这对面试是十分不利的。

4. 心理准备

应以积极、自信、冷静、谨慎的态度对待面试。一方面，必须将热情完全投入到准备中，相信自己能够通过努力获胜。另一方面，也要做好被淘汰的准备，不要因为面试失败而影响到自己后续的面试计划。

5. 形象准备

形象是进入面试官评估范围的第一个评估因素，这将极大地影响面试官对你的第一印象。因此，每个求职者都必须注意到自己的形象。端庄整洁的仪容、仪表会让面试官为你加分，并做出对你有利的评价。

小星的面试

小星要去一家公司面试，他穿着便装和运动鞋就出发了。因为他的手机没电了，又没有戴手表，所以等他赶到时面试已经开始了，还好没有轮到他，他随便地坐在门口的凳子上。轮到他时，其中一位面试官对他说“请坐”，小星不客气地在几位考官就座前就坐下了。

他风风火火地做了自我介绍，介绍了大学时自己的学习成绩和领导经验。当考官问他英文水平如何时，他自信满满地说："这是我的强项，绝对没问题的。"

分析：小星在面试中存在哪些问题呢？

第一，没有注意时间管理和控制。

第二，穿便装去正式的场合。

第三，没有注意坐的细节。

第四，不懂谦虚。

那么，求职面试中还有哪些礼仪细节需要注意呢？

二、面试礼仪细节

1. 面试守时原则

守时是职业道德中的一个基本要求，提前 10～15 分钟到达面试地点效果最佳，可以先熟悉一下环境，稳定一下心神，提前半小时以上到达会被视为没有时间观念，而在面试时迟到或匆匆忙忙赶到则是致命的错误。如果你面试迟到，那么不管你有什么理由，都会被视为缺乏自我管理和约束能力，即缺乏职业能力，会给面试官留下非常不好的印象。

如果面试官迟到，千万不要太介意，也不要太介意面试官的礼仪和素养。如果他们有不妥之处，你应尽量表现得大度一些，如果面试官的行为一有不妥，你的不满情绪就溢于言表，面试官对你的第一印象就会大打折扣。

2. 面试中的仪表礼仪

应当穿正式的服装。但对于应届毕业生来说，可以有一些学生气的装扮，即使是去知名企业面试，也可以穿休闲类套装。另外，面试时服装的选择应该与职位要求相匹配，仪表修饰最重要的是干净整洁，不要太标榜个性。

女士面试时应穿职业装，裙装或套装是最合适的装扮。面谈时应穿高跟鞋，最好避免穿平底鞋。服装颜色以淡雅或同色系的搭配为宜。头发要梳理整齐。

男士面试时应注意修整头发，如果稍长，应修剪一下。避免穿着过于老旧的西装，颜色以素净为佳。衬衫最好穿白色的，并尽量选择颜色明亮的领带。佩戴领带时应尽可能别上领带夹。西装和皮鞋的颜色以保守为原则。如果面试者戴眼镜，则镜框最好给人稳重、随和的感觉。

3. 面试中的入座礼仪

进入考官的办公室时，必须先敲门再进入，经主考官示意允许后，才可以就座。如果有指定座位，则坐在指定的位子；如觉得座位不舒服或光线正好直射，可以对主考官说明原因。若无指定位置时，可以选择主考官对面的位子坐定，这样方便与主考官面对面交谈。

面试时的坐姿，是关键的细节问题。正确的坐姿从入座开始，入座的动作要轻而缓，不要随意拖拉椅子，发出很大的声音。身体不要晃动，背部要与椅背平行，沉着、安静地坐下。落座后，上身要保持直立状态，既不前倾，也不后仰。双手自然下垂，肩部放松，五指并拢。

男女的坐姿还有一定的区别：男士可以微分双脚，双手可以随意放置；女士一般要并拢双膝，或者小腿交叉端坐，这样会体现出端庄、矜持的气质。

4. 面试中的自我介绍礼仪

当主考官要求你做自我介绍时，因为一般情况下都已将个人信息事先附在自荐信或简历上，所以不要长篇大论，否则会让主考官觉得冗长无趣。做自我介绍时一定要简洁，以半分钟左右为佳，态度一定要自然友善，落落大方、彬彬有礼，语速要正常，语音要清晰。

5. 面试中的交谈礼仪

交谈时恰当的眼神能体现出智慧、自信以及对公司的向往和热情。因此，应当礼貌地正视对方，但应避免长时间凝视对方，否则易给人咄咄逼人之感。目光可每三秒移动一下，注视的部位最好是考官的鼻眼三角区，目光平和而有神，专注而不呆板。

如果有多位考官，不要忘记目光的移动。切记斜视、下视、仰视，更不能有飘忽、心不在焉甚至挑衅的眼神。

6. 其他细节

不嚼口香糖，不抽烟。与人谈话时，含着东西、叼着烟都会给人不庄重的感觉，也显得不尊重对方。

别弯腰垂头。这不但会显得无精打采，也会令人觉得你对此次面谈缺乏兴趣。正确的姿势应是腰杆挺直，双手放置适当位置，双眼直视对方双目并面带微笑。

不可要求提供茶点，除非是咳嗽或需要一杯水来镇定自己。

不要乱动办公室的东西。

三、面试结束后的礼仪

谈话结束后，面试者应当向面试官道谢。如果有用过的纸杯，出门时一定不要忘记带走，并轻轻地关上门。除了主考官，还要主动地向单位的其他工作人员告别，因为他们可能就是未来的同事，要给他们留下一个好的印象。

完成一次面试，但成败难料，因此收拾心情准备其他的面试是非常必要的。在一般情况下，面试官在面试结束后，要进行讨论和投票，然后送人事部门汇总，最后确定录用人选，这个过程可能要三天左右的时间。求职者在这段时间内一定要耐心等待消息，不要过早打听面试结果，以避免让招聘者产生不良印象。

在结束面试后的一两天时间里，求职者可以用电话或邮件的方式向主考官表示感谢，以加深主考官对你的印象。

面试礼仪自检

面试准备——仪表、仪容注意事项：

(1)头发干净自然，如要染发则注意颜色和发型不可太标新立异。

(2)服饰大方整齐合身。男女皆以时尚大方的套装为宜。

(3)面试前一天修剪指甲，女性忌涂指甲油。

(4)不要佩戴怪异、夸张的装饰物。

(5)选择平时习惯穿的皮鞋，出门办事前一定要清洁擦拭。

面试过程——需注意仪态：

(1)任何情况下都要注意进房先敲门。

(2)态度从容，有礼貌。

(3)眼睛平视，面带微笑。

(4)口齿清晰，音量适中。

(5)神情专注，切忌边说话边整理头发。

(6)手势不宜过多，需要时适度配合。

(7)进入面谈办公室前，可以嚼一片口香糖，消除口气，缓和紧张的情绪。

面试结束——礼貌道谢：

(1)礼貌地与主考官握手并致谢。

(2)轻声起立并将座椅轻轻推至原位置。

(3)出公司大门时对接待人员表示感谢。

(4)24 小时之内发出书面感谢信。

知识巩固与礼仪训练

一、知识判断

1. 面试前充分准备，信心百倍；面试后，不泄气，不放弃。（　）

2. 在面试官前要主动行礼，始终保持微笑和充满自信，积极应答，讲究策略。（　）

3. 学会推销自己，推销自己的过程其实就是一次全面展示自己学识、品行、智慧的过程，要让对方知道你的优势和实力。（　）

4. “沉默是金”适合求职者。（　）

5. 王佳要去一家信息技术(IT)公司面试，为了表现出对这份工作很有兴趣，她提前半个小时就到达面试现场。 (　　)

6. 刘鹏参加面试，面试官示意他落座，他就将身体紧紧靠着椅背，坐满椅子并舒服地窝在椅子中。 (　　)

7. 上司下达了不符合实际的指令，下属忍气吞声，含含糊糊敷衍过去。 (　　)

8. 下属向上司阐述自己重要观点时，上司却不想听，这时要仔细分析上司不想听的原因，积极寻找机会换一种方式去阐述。 (　　)

9. 你正在跟上司汇报工作，你的助理急匆匆地跑过来说有一个重要客户的长途电话，这时你向上司请示后就去接电话。 (　　)

10. 一位下属已连续两天请事假，第三天下午快下班时，又拿着请假条过来说有事要请假。作为上司，你很生气，不理会，不批假。 (　　)

二、礼仪训练

情景模拟——求职面试礼仪训练。

(1)创设求职面试场景。

(2)角色分配，教师扮演面试官，选取部分学生扮演求职者。

(3)按照求职程序实训演练(演练时间 5 分钟)，每个求职者演练结束后，学生参与点评，指出求职者的优点和存在的问题。

(4)教师对演练的求职者做总体评价。

三、案例评析

因犯错而升职

小托马斯·沃森(1914—1993 年)是 20 世纪最伟大的商业领袖之一，1956 年，他从父亲手中接管了 IBM(国际商业机器公司)，用 10 年时间将其发展成为全球最大的计算机公司。

在沃森执掌 IBM 期间，公司市场部经理理查德上班遇到大堵车，晚到了 10 分钟，碰巧被沃森撞见。理查德还没来得及开口，沃森就将他训斥了一顿。理查德委屈地解释："我通常都是这一时间出门，谁知今天遇上大堵车。"沃森说："这说明你安排时间一贯都有问题，平时靠运气才没有迟到!"沃森不愿再听理查德的辩解，把他降为了副经理。

见识了沃森的蛮横和严厉，理查德更加卖力地工作，生怕再出一点差错。可 3 个月后，他因错误预测加利福尼亚的市场形势造成产品滞销，给公司带来不小的损失，理查德为此懊悔不已，但不敢向沃森报告。沃森了解到情况，当即叫来了理查德，沃森严肃地问："你知道我叫你来干什么吗?"理查德说："你要开除我吗?"沃森说："开除你，没那么容易，为了让你累积经验，我可是刚赔了不少钱。又犯错固然不是什么好事，但你的开拓精神值得肯定，为了鼓励你，我决定重新升你为经理，全权负责加利福尼亚的销售。"

迟到被降职，失误反被升职，理查德怎么也想不通。沃森说："迟到挨罚，因为你觉得那是小事，不被惩罚就不知道悔改；而失误却被升职，是因为你已意识到错误，日后会引以为戒。其实惩罚和奖励都是手段，真正的目的是希望你把事情做得更好。”

思考

1. 评析小托马斯·沃森是不是一名优秀的领导者，并阐述理由。

2. 你对小托马斯·沃森的领导方法是否认同？请说明理由。

3. 你是否愿意与小托马斯·沃森这样的领导共事？请阐述理由。

4. 从这则案例中你能获得哪些启示？

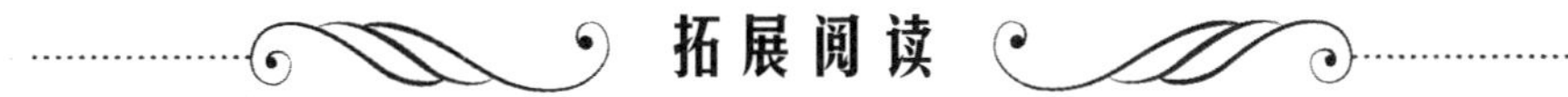

拓展阅读

16个经典面试问题回答思路

面试过程中，面试官会向应聘者发问，而应聘者的回答将成为面试官考虑是否录用他的重要依据。对应聘者而言，了解这些问题背后的“猫腻”至关重要。本书对面试中经常出现的一些典型问题进行了整理，并给出相应的回答思路和参考答案。读者无须过分关注分析的细节，关键是要从这些分析中“悟”出面试的规律及回答问题的思维方式，达到“活学活用”。

问题一：请你自我介绍一下。

思路：

(1)这是面试的必考题目。

(2)介绍内容要与个人简历相一致。

(3)表述方式上尽量口语化。

(4)要切中要害，不谈无关、无用的内容。

(5)条理要清晰，层次要分明。

(6)事先最好以文字的形式写好背熟。

问题二：谈谈你的家庭情况。

思路：

(1)这对于面试官了解应聘者的性格、观念、心态等有一定的作用，这是招聘单位问该问题的主要原因。

(2)简单地罗列家庭人口。

(3)宜强调温馨和睦的家庭氛围。

(4)宜强调各位家庭成员的良好状况。

(5)宜强调家庭成员对自己工作的支持。

(6)宜强调自己对家庭的责任感。

问题三：你有什么业余爱好？

思路：

(1)业余爱好能在一定程度上反映应聘者的性格、观念、心态，这是招聘单位问该问题的主要原因。

(2)最好不要说自己没有业余爱好。

(3)不要说自己有令人感觉不好的爱好。

(4)最好不要说自己的爱好仅限于读书、听音乐、上网，否则可能令面试官怀疑应聘者性格孤僻。

(5)最好能有一些户外的业余爱好来“点缀”你的形象。

问题四：你最崇拜谁?

思路：

(1)最崇拜的人能在一定程度上反映应聘者的性格、观念、心态，这是面试官问该问题的主要原因。

(2)不宜说自己谁都不崇拜。

(3)不宜说崇拜自己。

(4)不宜说崇拜一个虚构的或是不知名的人。

(5)不宜说崇拜一个明显具有负面形象的人。

(6)所崇拜的人最好与自己所应聘的工作能“搭”上关系。

(7)最好说出自己所崇拜的人的哪些品质、哪些思想感染着自己、鼓舞着自己。

问题五：你的座右铭是什么?

思路：

(1)座右铭能在一定程度上反映应聘者的性格、观念、心态，这是面试官问该问题的主要原因。

(2)不宜说那些易引起不好的联想的座右铭。

(3)不宜说那些太抽象的座右铭。

(4)不宜说太长的座右铭。

(5)座右铭最好能反映出自己某种优秀品质。

(6)参考答案——“只为成功找方法，不为失败找借口”。

问题六：谈谈你的缺点。

思路：

(1)不宜说自己没有缺点。

(2)不宜把那些明显的优点说成缺点。

(3)不宜说出严重影响所应聘工作的缺点。

(4)不宜说出令人不放心、不舒服的缺点。

(5)可以说出一些对于所应聘工作“无关紧要”的缺点，甚至是一些表面上看是缺点，从工作的角度看却是优点的缺点。

问题七：谈一谈你的一次失败经历。

思路：

(1)不宜说自己没有失败的经历。

(2)不宜把那些明显的成功说成失败。

(3)不宜说出严重影响面试结果的失败经历，

(4)宜说明失败之前自己曾信心百倍、尽心尽力。

(5)宜说明仅仅是由于外在客观原因导致的失败。

(6)宜说明失败后自己很快振作起来，以更加饱满的热情面对以后的工作。

问题八：你为什么选择我们公司？

思路：

(1)面试官试图从中了解你求职的动机、愿望以及对此项工作的态度。

(2)建议从行业、企业和岗位这三个角度来回答。

(3)参考答案——“我十分看好贵公司所在的行业，我认为贵公司十分重视人才，而且这项工作很适合我，相信自己一定能做好”。

问题九．对这项工作，你有哪些可预见的困难？

思路：

(1)不宜直接说出具体的困难，否则可能令对方怀疑应聘者能力不够。

(2)可以尝试迂回战术，说出应聘者对困难所持有的态度——“工作中出现一些困难是正常的，也是难免的，但是只要有坚忍不拔的毅力、良好的合作精神以及事前周密而充分的准备，任何困难都是可以克服的”。

问题十：如果我录用你，你将怎样开展工作？

思路：

(1)如果应聘者对于应聘的职位缺乏足够的了解，最好不要直接说出自己开展工作的具体办法。

(2)可以尝试采用迂回战术来回答，如“首先听取领导的指示和要求，然后就有关情况进行了解和熟悉，接下来制订一份近期的工作计划并报领导批准，最后根据计划开展工作”。

问题十一：与上级意见不一时，你将怎么办？

思路：

(1)一般可以这样回答“我会给上级必要的解释和提醒，在这种情况下，我会服从上级的意见”。

(2)如果面试你的是总经理，而你所应聘的职位的直属领导是另外一位经理，且这位经理当时不在场，可以这样回答：“对于非原则性问题，我会服从上级的意见，对于涉及公司利益的重大问题，我希望能向更高层领导反映。”

问题十二：我们为什么要录用你？

思路：

(1)应聘者最好站在招聘单位的角度来回答。

(2)招聘单位一般会录用这样的应聘者：基本符合条件、对这份工作感兴趣、有足够的信心。

(3)如“我符合贵公司的招聘条件，凭我目前掌握的技能、高度的责任感和良好的适应能力及学习能力，完全能胜任这份工作。我十分希望能为贵公司服务，如果贵公司给我这个机会，我一定能成为贵公司的栋梁”。

问题十三：你能为我们做什么?

思路：

(1)基本原则上“投其所好”。

(2)回答这个问题前，应聘者最好能“先发制人”，了解招聘单位期待这个职位所能发挥的作用。

(3)应聘者可以根据自己的了解，结合自己在专业领域的优势来回答这个问题。

问题十四：你是应届毕业生，缺乏经验，如何胜任这个岗位?

思路：

(1)如果招聘单位对身为应届毕业生的应聘者提出这个问题，说明招聘单位并不真正在乎“经验”，关键看应聘者怎样回答。

(2)对这个问题的回答最好要体现出应聘者的诚恳、机智、果敢及敬业。

(3)如“作为应届毕业生，我在工作经验方面的确有所欠缺，因此在读书期间我一直利用各种机会在这个行业里做兼职。我也发现，实际工作远比书本知识丰富、复杂。但我有较强的责任心、适应能力和学习能力，而且比较勤奋，因此在兼职中均能圆满完成各项工作，从中获取的经验也令我受益匪浅。请贵公司放心，学校所学及兼职的工作经验使我一定能胜任这个职位”。

问题十五：你希望与什么样的上级共事?

思路：

(1)通过应聘者对上级的“希望”可以判断出应聘者的自我要求，这既是一个陷阱，又是一次机会。

(2)最好回避对上级具体的希望，多谈对自己的要求。

(3)如“作为刚步入社会的新人，我应该多要求自己尽快熟悉环境、适应环境，而不应该对环境提出什么要求，只要能发挥我的专长就可以了”。

问题十六：您在前一家公司的离职原因是什么?

思路：

(1)最重要的是，应聘者要使招聘单位相信，自己在过往单位的“离职原因”在此家招聘单位里不存在。

(2)避免把“离职原因”说得太详细、太具体。

(3)不能掺杂主观的负面感受，如“太辛苦”“人际关系复杂”“管理太混乱”“公司不重视人才”“公司排斥我们某某的员工”等。

(4)但也不能躲闪、回避，如“想换换环境”“个人原因”等。

(5)不能涉及自己负面的人格特征，如不诚实、懒惰、缺乏责任感、不随和等。

(6)尽量使解释的理由为应聘者个人形象添彩。

(7)如“我离职是因为那家公司倒闭了。我在公司工作了三年多，有较深的感情。从去年始，由于市场形势突变，公司的局面急转直下。到眼下这一步我觉得很遗憾，但还要面对现实，重新寻找能发挥我能力的舞台”。

同一个面试问题并非只有一个答案，而同一个答案并不是在任何面试场合都有效，关键在于应聘者掌握了规律后，能够对面试的具体情况进行把握，有意识地揣摩面试官提出问题的心理，然后投其所好。

模块七 涉外礼仪

学习目标

- 具备涉外的礼仪修养，并能够在涉外交往中贯彻实施
- 涉外迎送、会见会谈、参观游览、国旗悬挂时符合礼仪规范要求

案例导入

迟到的代价

中国一家拥有职工约 6000 人的大型企业，为了避免濒临破产的局面，想寻找一家资金雄厚的企业做合作伙伴。经过多方努力，这家企业终于找到了一家具有国际声望的日本公司。经过双方长时间的谈判，终于可以签订合约了，全体职工为之欢欣鼓舞。本以为大功告成的中方人员，没想到在第二天的签字仪式中，企业领导因官僚作风，到达签字地点的时间比双方正式约定的时间晚了 10 分钟。待他们走进签字大厅时，日方人员早已排成一行，恭候他们的到来。中方领导请日方人员坐上签字台，没想到日方的全体人员整整齐齐、规规矩矩地向他们鞠了一个大躬，随后便集体退出了签字厅。中方领导感到莫名其妙，因为迟到 10 分钟对他们来讲实在不算什么。事后，日方向中方递交了一份正式的信函，其中写道："我们绝不会为自己寻找一个没有任何时间观念的生意伙伴。不遵守约定的人，永远都不值得信赖。"无疑，双方的合作搁浅了，中方领导为自己迟到的 10 分钟付出了沉重的代价——企业破产倒闭，约 6000 人失业。

问题

1. 案例中中方领导错在哪里？为什么？
2. 涉外交往应注意哪些交际原则？

任务一 涉外礼仪概述

涉外礼仪是指与所属国家以外的国家、组织或个人进行社交活动时所要遵循的行为规范。它既有国际性，又有个体差异性。

涉外礼仪的差异性主要体现在社交对象的文化和习俗上。各个国家的政治、经济、文化不同，在礼仪规范上会有不同的禁忌。因此，要根据社交对象的不同，对涉外活动交往的礼仪内容进行相应的调整，并采取具有针对性的礼仪规范。

从国际交往的角度看，在涉外活动中要遵循十项原则：

1. 个人形象原则

个人形象通常是指仪容仪表、服饰着装及谈吐等。在涉外交往活动中，个人的形象不只代表个人，还代表着个人所属的组织和国家，因此个人形象在国际交往中很重要。

2. 不卑不亢原则

不卑不亢是涉外礼仪的一项基本原则，每个公民都应做到自己的言谈举止、礼仪风范以自尊、自重、自爱、自信为根本。

3. 求同存异原则

世界各国由于历史文化传统和风俗习惯的不同，在社交礼仪方面也存在着一定程度的差异，了解各国礼仪的差异性，是开展涉外礼仪活动的基础。在涉外交往中，对于礼仪的差异性，重要的是遵循求同存异的原则，而不是评判是非、鉴定优劣。“求同”就是要遵守礼仪的“共性”，“存异”是不可忽略礼仪的“个性”。

4. 入乡随俗原则

当人们前往其他国家工作、留学、参观、访问或者旅游的时候，首先要做的就是对当地的风俗习惯有所了解，所谓“入境而问禁，入国而问俗，入门而问讳”。比如，在美国，男士赞美女士时会说“你很漂亮”，有的甚至会说“你很性感，很有魅力”，这种赞美的方法与我国有很大区别。如果没有提前对其风俗习惯有一个初步的了解，可能会造成一些不必要的尴尬和误会。

5. 信守约定原则

在涉外交往中，必须守诺和守时，这被视为任何形式的社会交往中必须遵守的基本原则。基于这一原则，当你做出承诺的时候，一定要深思熟虑、量力而为，切勿草率承诺却无法兑现。一旦承诺无法兑现，要提前通知对方，并要真诚地表达歉意，同时要承担你的过失给对方造成的损失。

6. 热情适度原则

在涉外交往时，不仅要做到热情友好，同时也要把握热情的尺度，否则会事与愿违。

具体来说，就是要做到“关心有度”“距离有度”和“举止有度”。所谓关心有度，就是在涉外交往时，要根据对方的身份与其保持适当的距离，不要表现得过度关心。所谓距离有度，是指根据与社交对象关系的不同要保持一定的实际距离。例如，在一般性的社交应酬中保持的常规距离要大于0.5米，小于1.5米。举止有度是指在涉外交往时不要随便地做出某些热情、亲密的行为，比如强行劝酒或用随意开玩笑等。

7. 谦虚适当原则

中国的传统文化视谦虚为美德。然而，在国际交往中要敢于肯定自己，切勿妄自菲薄。对于外国友人的赞扬要表示感谢，这既是自信的表现，也是接纳对方夸奖的表现。当向外国人赠送礼品时，不要说“实在拿不出手”这样的话，因为这些过谦的说法只会给社交对象留下缺乏自信的印象。

8. 尊重隐私原则

在国际礼仪规范中，尊重个人隐私是一项非常重要的社交礼仪规范。个人隐私通常包括收入支出、年龄、恋爱婚姻、健康状况、家庭住址、个人经历等方面。此外，那些反映个人经济状况的问题，如纳税数额、银行存款、住房面积、股票收益等，也不适合在涉外交往中提到。

9. 爱护环境原则

爱护环境被视为社会公德的重要标志，每个人都有义务对人类赖以生存的环境自觉地加以爱惜和保护，不爱护环境的行为是没有教养的，在涉外交往中尤其如此。不可破坏自然环境，不可虐待动物，不可损坏公物，不可乱堆、乱挂私人物品，不可乱丢废弃物品，不可随地吐痰，不可随处吸烟，不可随意制造噪声。在现代生活中，噪声污染对环境也是一种破坏，在公共场合切勿大声喧哗，与人交谈一定要轻声细语，切勿在不适当的地方劲歌狂舞。尤为重要的是，在一切公共场合，都要注意不让自己的手机铃声大作。

10.“女士优先”原则

“女士优先”是国际社会公认的一条重要的礼仪原则，它主要用于成年的异性进行社交活动时。“女士优先”指的是在一切社交场合，每一名成年男子都有义务主动自觉地以自己的实际行动去尊重、照顾、体谅、关心、保护女性，并且还要想方设法、尽心尽力地为她们排忧解难。

任务二　涉外政务礼仪

涉外政务礼仪通常指的是国家与国家之间官方的正式交往中所使用的礼仪规范。世界各国在实际操作的时候，会在遵守国际惯例的同时，在一定程度上融入一些具有本国特色的文化和风俗。作为外事公务人员，要时刻谨记外事无小事、事事是大事、事事要重视的原则。

一、国旗

国旗是一个主权国家的象征和标志，是法律规定的、具有一定形式和规格的旗帜。它是经过国家正式公告通报的，而且在国际上得到普遍承认的。作为一个国家的公民，既要维护自己国家国旗的尊严，也要尊重其他国家的国旗。当涉及国旗相关事宜时，应仔细检查使用规则。

二、国徽

国徽是国家的标志和象征，每一个公民都应该尊重、热爱并维护国徽。对于应当使用国徽的机构、场所、印章、文件和出版物，各国均有明确的规定，并且有着种种特殊的限制。对于这些规定，只能遵守不能违反，国家公民切勿对此疏忽大意。我国对国徽的使用，专门制定了《中华人民共和国国徽法》，使用国徽时应仔细查阅。

三、国歌

在国际交往中，国歌同国旗、国徽一样是一个主权国家的标志和象征，有着至高无上、神圣不可侵犯的地位。公民应该熟记自己国家国歌的每一句歌词、每一个音符，认真了解与国歌有关的礼仪要求。

当参与涉外活动时，应当对所交往国家的国歌有一定程度的了解。世界上绝大多数的国家对本国国歌都有一定的规定。在各类活动中，国家公务人员在奏国歌时应当起身肃立。在演奏国歌时，不允许坐而不起、四处走动，更不允许同他人交谈、嬉笑喧哗。通常，应当采取立正的姿势。除按规定可戴帽子者外，其他人士皆应脱帽，也不准佩戴太阳镜。

四、国花

世界各国的国花都被其人民赋予了许多吉祥、美好的含义，并被当作国家的重要标志来看待。

国家公民在参与涉外活动时，有必要对交往国的国花有一定的了解，不能张冠李戴。需要特别指出的是，世界上有一些国家迄今尚未正式确定国花。

五、国宴

国宴是以国家名义举行的最高规格的宴会。国宴主要分为两种类型：一种是国家元首或政府首脑为国家庆典、新年贺喜招待各国使节或各界知名人士的宴会；另一种是国家元首或政府首脑为来访的外国领导人或世界名人举行的正式欢迎宴会。国宴的特点是规格高、礼仪性强。我国的国宴多在人民大会堂、钓鱼台国宾馆举行，由国家领导人主持，相关的领导作陪，并邀请各国使节和各界代表人士参加。

任务三　涉外商务礼仪

在进行涉外商务活动时，为了能够顺利地获得成功，了解东道国的国情及其文化风俗是必要的。这样既能显出你的博学，又可以拉近双方的距离。通常对所要访问的国家需要从如下几个方面进行了解：①国家的官方名字；②官方语言；③国家领导人的名字；④政治体制；⑤宗教概况；⑥流通货币；⑦该国当前的外交关系；⑧该国当前发生的重要政治及经济事件和存在的问题。

1. 活动中的握手礼仪

在涉外商务活动中，问候的礼节更强调外在的形式。问候人的态度和行为往往更加正式。通常人们在正式的场合会面或问候时不必过分热情，但应保持快乐真诚的气氛。握手是国际通用的礼节。

涉外商务活动中，一般应站着握手，此外还应注意以下几个方面：

(1)作为女士，握手时要先伸手，但是如果男士谢绝握手，也别见怪，因为一些国家的文化禁止异性之间有任意的身体接触。

(2)在某些国家，男子(尤其是年长者)会见女子时可能会亲吻她的手，这时要欣然接受，不要难为情或做出不礼貌的反应。

(3)多人同时握手不要交叉，要等别人握完再伸手。

(4)不要叼着香烟或者嚼着东西同别人握手。

2. 语言

对商业伙伴说他们国家的语言是为个人、公司及国家赢得朋友的好方式，这可以向对方传达自己非常关心对方的文化和国家的信息，也会使你得到尊重并受到热烈欢迎。但实际情况是，我们大多数人没有足够的时间来学习和掌握他国语言，但应该做到以下几点：第一，学会几句简单又有礼貌的习惯用语，比如一些问候和感谢的用语。第二，学会一些简短的祝酒词。或许你说得不是很熟练，但是你的努力会得到对方的欣赏。第三，在说话时穿插几句对方国家的习惯用语，是向对方国家和人民表示积极态度的做法。

3. 商务名片礼仪

在国际商务交往中，名片是非常重要的。一个不随身携带名片的人常被商界人士看作不懂得尊重别人的人。因此，名片不仅要有，而且要经常带着，更要注重名片的使用礼仪。

在名片的使用上，各个国家之间也存在差异。大多数美国商人都携带名片，但见面时不一定交换，除非以后还可能和这个人接触。官衔、头衔和职业在一些国家文化中被认为是很严肃的，因此在名片上除了你的公司名称，还要加上你的职位、头衔等信息。

在非英语国家，名片的一面应使用本国语言，另一面应使用英语。欧洲的商业介绍中，大部分的人们期望交换名片。在世界上很多地方，交换名片都是一种礼仪。

4. 守时

作为一名商务人士，守时是一项基本的礼仪规范。然而，在涉外商务活动中要接触的社交对象来自世界各地，由于有着不同的风俗，所以不同的社交对象在守时这个问题上也存在很大的差异。世界上大部分国家对时间都是有要求的，迟到 10 分钟以上是不能被接受的。因此当你接待来自其他国家的客人时，首先要做到的就是守时。但是在西班牙，西班牙人只有在参加斗牛比赛活动时才严守时间，所以，当你在西班牙，即使对方晚到，也不要加以责怪，但作为客人，应当守时。

如果你出访其他的国家，就要对当地的时间习惯有一定的了解，做到入乡随俗。例如，你被邀请参加一个商务社交晚宴，请柬上写的是 6 点开始。那么，如果你在德国，晚宴会准时在 6 点开始，在英国会在 6：15 分左右开始，而在意大利、西班牙或者希腊，你要询问宴会主人、当地朋友或者宾馆的服务生确切的开始时间。

5. 行事速度

行事速度代表商务人员处理相关事宜的效率，包括其处理商业事务时是否及时，决策、决议、履行承诺的速度，会议的时长和能否按时完工等。对于外国人来说，他们的行事速度可能会与当地人产生差异。

对于商业伙伴行事速度不应该用好或坏进行评价，要尊重、了解并接受其不同的文化习俗。举例来说，英国人和美国人在行事速度上就有着不同的风格。英国人的行事速度要比美国人慢半拍，而且其紧张感远不如美国人，但这并不代表英国人在商业活动中处于弱势，英国人往往更为关注其长远发展，而不会过多关注当前的利益。作为涉外商业人士，熟悉一个国家或地区的行事速度和培养自身的忍耐力，对促成商务合作是至关重要的。

6. 雇用翻译员

在商务谈判中，即使谈判双方使用共同的语言，人们也很难开展无障碍的交流。如果在商务洽谈时使用多种语言进行沟通，那么误解更加不可避免。这意味着要想进行顺畅的交流，雇用一名优秀的翻译员是至关重要的，以下是 些忠告。

(1)询问翻译员是否已经了解会谈内容，包括会谈时间、开场白的内容、讨论的主要问题、与会者的身份等。

(2)在召开会议之前，要与翻译员一起谈论此行涉及的重点和目标。

(3)不要让翻译员站在你和对方之间，说话要对着对方说，而不是对着翻译员说。

(4)发音要缓慢而清晰，要让翻译员听清你表达的内容。

(5)尽量不要使用一些复杂的语句，要尽量直截了当地表达。

(6)在会谈时，为了给翻译员留下足够的考虑时间，要不时地停顿一下。最好是每说完一层意思就停顿一次。如果谈到重要或复杂的内容，在句与句之间都要停顿。

(7)在商谈的过程中，要不时地询问对方的想法，以便及时得到对方的反馈意见。

(8)重复要点。

(9)即使对方有翻译员随行，也要假设他们能听懂你的语言。此外，不要说任何你不希望对方听到的事。

(10)就会谈内容和商议结果，及时做好一份书面摘要。

任务四　涉外礼仪与风土人情

一、亚洲主要国家礼仪介绍

1. 菲律宾

(1)社交礼仪

菲律宾人天性和蔼大方，善于交际。会面礼节是握手。他们对长辈极其尊重，晚辈见到长辈时要恭恭敬敬地欠身鞠躬，有的则会上前轻吻对方的手背，以示敬重。年轻姑娘见到长辈时，往往会上前轻吻对方的两颊。

受西方文化的影响，在菲律宾的上流社会中，“女士优先”十分流行。但在某些乡村，妇女的地位依旧很低。菲律宾人非常好客，通常会向嘉宾敬献茉莉花编成的花环以示欢迎。由于在历史上有相当长的一段时期菲律宾曾是西班牙的殖民地，故菲律宾人的姓名大都是西班牙式的。

(2)服饰礼仪

正规场所，有身份的菲律宾人都讲究穿着本国的国服。男子所穿国服名叫“巴隆他加禄”。女子所穿的国服叫作“特尔诺”，菲律宾前总统阿基诺夫人身体力行推广女子国服。

(3)餐饮礼仪

菲律宾人主食以米饭为主，副食为肉、蛋、禽、海鲜、蔬菜等，菲律宾烹调趋向于清淡。但用餐时，绝大多数菲律宾人却惯于在菜肴里多放调味品，尤其是香辣的调味品。

许多菲律宾人习惯叉和匙并用进食，上流社会流行用刀叉进餐。广大乡村依旧习惯右手抓取食物。菲律宾人不分男女老幼，都十分爱喝啤酒。在宴请活动中邀请方务必要多次进行邀请，以示诚意；在主人第一次敬酒或为客人上菜时，客人务必表示谦让，客人不要在主人落座前就座。

2. 韩国

(1)社交礼仪

在正式交际场合，韩国人一般都采用握手作为见面礼节。韩国妇女一般不与男子握手，而往往代之以鞠躬或者点头致意。韩国人有时也会采用先鞠躬、后握手的方式；同他人告别时，若对方是有地位、身份的人，韩国人往往要行礼达三至五次。个别的韩国人甚至会讲一句话、行一次礼。

在一般情况下，韩国人在称呼他人时会用尊称和敬语，或称呼对方头衔。韩国人非常讲究预先约定，遵守时间，并且十分重视名片的使用。

(2)服饰礼仪

韩国人对社交场合的穿着打扮十分在意，在交际应酬之中通常都穿着西服。邋里邋遢、衣冠不整的人，和着装过于暴露的人一样，都是让人看不起的。

在逢年过节或某些特定场合，韩国人往往会穿自己本民族的传统服装：男子上身穿袄，下身穿宽大的长裆裤，或加上一件坎肩，甚至再披上一件长袍；韩国妇女则大都上穿短袄，下着齐胸长裙。光脚参加社交活动，是一种失礼的行为。进屋之前需脱鞋，摆放鞋时不宜将鞋尖直对屋内。

(3)餐饮礼仪

韩国饮食以辣、酸为主要特点。主食主要是米饭、冷面。他们爱吃的菜肴，则主要有泡菜、烤牛肉、烧狗肉、人参鸡等。韩国菜的品种并不太多，以泡菜为特色，烧肉泡菜、冷面世界闻名。

韩国的饮料种类较多。韩国的男子通常酒量都不错，对烧酒、清酒、啤酒往往来者不拒。韩国人一般都不吃过腻、过油、过甜的东西，并且不吃鸭肉、羊肉和肥猪肉。

3. 马来西亚

(1)社交礼仪

在马来西亚，不同民族采用不同的见面礼节。马来人的常规做法是向对方轻轻点头，以示尊重。马来人传统的见面礼节，是所谓的“摸手礼”。它的具体做法为：与他人相见时，一方将双手首先伸向对方，另一方则伸出自己的双手，轻轻摸一下对方伸过来的双手，随后将自己的双手收回胸前，稍举一下，同时身体前弯呈鞠躬状。

马来西亚的华人与印度人同外人见面时，则大多以握手作为见面礼节。

马来人通常只有自己的名字，而没有固定的姓氏，儿子以父名为姓，父亲则以姓祖父的名字。

(2)服饰礼仪

长袖衬衣“巴迪”被称为马来西亚“国服”，多以蜡染花布做成，多在正式交际场合穿用。在一般情况下，马来族的男子通常上穿“巴汝”，下身则围以一大块布，叫作“纱笼”。马来族的女子，则一般要穿无领、长袖的连衣长裙，围以头巾。

在社交场合，马来西亚人可以穿着西装或套裙。

马来西亚人的服饰偏好红色、橙色和其他一些鲜艳的颜色。他们认为黑色属于消极之色，黄色也不适于作为服装之色。受伊斯兰教影响，马来西亚人对绿色十分喜爱。

去马来西亚人家里做客，进门前必须先脱下鞋子，并且摘下墨镜。

(3)餐饮礼仪

马来西亚以伊斯兰教为国教，饮食习俗禁酒，喜欢饮用椰子水、红茶、咖啡等。马来西亚的穆斯林不吃猪肉，不吃自死之物和血液，不使用一切猪制品。通常吃米饭，喜食牛肉，极爱吃咖喱牛肉饭，并且爱吃具有其民族风味的“沙嗲”烤肉串。

马来西亚的印度人不吃牛肉和猪肉，但是可以吃鱼肉和家禽肉。

马来人一般十分好客，他们认为客人在主人家里若不吃不喝，等于不尊敬主人。平常用餐时只用右手抓取食物，左手被视为“不洁之手”，禁用其取用食物或饮料。只有在十分正规的宴请中，马来人才用刀叉进餐。

4. 日本

(1)服饰礼仪

日本人无论在正式场合还是非正式场合，都很注重自己的衣着。在正式场合，男子和大多数中青年妇女都穿西服。男子穿西服通常都系领带。和服是日本的传统服装，其特点是一般由一块布料缝制而成。现在的日本男子除一些特殊职业者外，在公共场所很少穿和服。

(2)仪态礼仪

日本人常常满脸笑容，不仅高兴时微笑，在处于窘迫或发怒时，也会微笑，以掩饰自己的真实情感。妇女在地板上就座时，总是坐在蜷曲的腿上。

(3)相见礼仪

日本人的名字一般由多个字组成，姓在前，名在后，日本姓氏一般由一至三个汉字组成，少数也有四个及四个以上汉字的。作为介绍人，通常要说出被介绍人与自己的关系，以及他的称谓和所在单位名称等。

(4)餐饮礼仪

日本人自古以来就以大米为主食，他们爱吃鱼，一般不吃肥肉和动物内脏，有的人不吃羊肉和鸭肉。不论在家中或餐馆内，座位都有等级，一般听从主人的安排即可。日本有一种富有参禅味道、用于陶冶情趣的习俗——茶道，虽然不少现代日本青年对此已不感兴趣，但作为一种传统艺术，茶道在日本仍受重视。

5. 泰国

(1)日常礼仪

习惯以先生、小姐称呼，表示友善和亲近，不习惯别人称呼其姓。泰国人讲话轻声细语，举止温文尔雅。

(2)日常礼仪

泰国平民遇见王室成员或高僧，需要行下跪礼，而王室成员和高僧则不须还礼；行人从坐着的人身边经过时，要略微躬身，以表示礼貌；泰国人习惯用手抓食，并且长者在座时，晚辈应坐地或蹲跪，头的高度不可超过长者。

(3)服饰礼仪

泰国人喜欢鲜艳的颜色，并用不同的颜色代表不同的日子：周一对应黄色；周二对应粉色；周三对应绿色；周四对应橙色；周五对应淡蓝色；周六对应紫色；周日对应红色。泰国人在平时穿衬衫、长裤、裙子，在商务场合穿深色的套装或套裙。要注意无论去哪都不要让鞋底露出，尤其不要把鞋底朝向对方。旅行时最好自带拖鞋。

(4)餐饮礼仪

泰国人不喝热茶和开水，喝果汁习惯加少许盐。他们喜辛辣和鲜嫩之物，爱吃咖喱饭，喜欢喝冬阴功汤；不喜欢过咸和过甜的食物，也不吃红烧的菜肴。民间习惯围绕低矮的圆桌跪坐，右手抓食。

6. 新加坡

(1)社交礼仪

在社交场合，新加坡人与他人所行的见面礼节多为握手礼。在一般情况下，新加坡人不习惯西式的拥抱或亲吻。

(2)服饰礼仪

在政务活动和商务交往中，新加坡人的着装讲究郑重其事。男子一般要穿白色长袖衬衫和深色西裤，打领带；女子则穿套装或深色长裙。在对外交往中，新加坡人则大多按国际惯例穿深色的西装或套裙，并穿皮鞋。

(3)餐饮礼仪

在设宴款待新加坡人时，务必在安排菜单方面注意民族差异。

二、其他主要国家礼仪风俗

1. 美国

美国人在待人接物上方面，具有下述四个主要特点：

第一，随和友善，容易接近。

第二，热情开朗，不拘小节。

第三，性格直爽，喜欢幽默。

第四，自尊心强，好胜心重。

2. 加拿大

加拿大的基本国情是地广人稀。特殊的环境对加拿大人待人接物有一定影响。一般而言，在交际应酬中，加拿大人最大的特点是既讲究礼貌，又无拘无束。加拿大国民的主体是英法两国移民的后裔。一般而言，英裔加拿大人多信基督教，讲英语，性格上相对保守和内向一些。而法裔加拿大人则大都信奉天主教，讲法语，性格上较为开朗奔放。与加拿大人打交道要先了解对方情况，然后再有所区别地对待。

3. 法国

与英国人和德国人相比，法国人在待人接物上的表现是大不相同的，主要有以下特点：

第一，爱好社交，善于交际。对于法国人来说社交是人生的重要内容，没有社交活动的生活是难以想象的。

第二，诙谐幽默，天性浪漫。他们在人际交往中大都爽朗热情，好开玩笑，难以接受愁眉苦脸者。受传统文化的影响，法国人不仅爱冒险，而且喜欢浪漫的经历。

第三，渴求自由，习惯迟到。在世界上法国人是最著名的“自由主义者”。“自由、平等、博爱”被法国宪法定为本国的国家格言。他们虽然讲究法制，但是不喜欢过度拘束，不大喜欢集体行动。与法国人打交道，约会必须事先约定，并且准时赴约，但是也要对他们可能的姗姗来迟有所准备。

第四，自尊心强，偏爱“国货”。法国的时装、美食和艺术世界闻名，在此影响之下，法国人拥有极强的民族自尊心和民族自豪感，在他们看来，世间的一切都是法国最棒。与法国人交谈时，如能讲几句法语，一定会使对方热情有加。

第五，骑士风度，尊重妇女。在人际交往中，法国人所采取的礼节主要有握手礼、拥抱礼和吻面礼。

4. 德国

德国人在待人接物上所表现出来的独特风格，往往会给人以深刻的印象。

第一，纪律严明，法制观念极强。

第二，讲究信誉，时间观念强烈。

第三，极端自尊，非常尊重传统。

第四，待人热情，十分注重感情。

必须指出的是，德国人在人际交往中对礼节非常重视。与德国人握手时，有必要特别注意下述两点：一是握手时务必要坦然地注视对方；二是握手的时间宜稍长一些，晃动的次数宜稍多一些，握手时所用的力量宜稍大一些。重视称呼是德国人在人际交往中的一个鲜明特点。对德国人称呼不当，通常会令对方大为不快。一般情况下，切勿直呼德国人的名字，可以称其全名，或仅称其姓。与德国人交谈时，切勿疏忽对“您”与“你”这两种人称代词的使用。对于熟人、朋友、同龄者，方能以“你”相称。在德国，称“您”表示尊重，称“你”则表示地位平等、关系密切。

5. 波兰

在人际交往中，波兰人举止优雅，语言文明，彬彬有礼。同外人打交道时，波兰人对称呼极其重视。他们的习惯是要尽可能地采用郑重其事的称呼。对于男士，波兰人言必称“潘”。对于妇女，他们则称之为“帕那”或“帕妮”。在社交场合问候他人时，波兰人会对对方以“您”相称。他们假如与对方以“你”相称，则多半意味着双方关系十分密切，彼此相交已非一日。按照波兰人的习惯，自己在交际场合被介绍给他人之后，必须要主动同对方握手，同时还要报上自己的姓名，不然即为失礼。在波兰，常用的见面礼节有握手礼和拥抱礼。在波兰民间，吻手礼则十分通行。一般而言，吻手礼的行礼对象应为已婚妇女，行礼的最佳地点应为室内。在行礼时，男士宜双手捧起女士的手在其指尖或手背上象征性地轻吻一下，吻出声响或吻到手腕之上都是不合规范的。

6. 俄罗斯

在人际交往中，俄罗斯人素来以热情、豪放、勇敢、耿直而著称于世。在交际场合，俄罗斯人惯于和初次会面的人行握手礼。但对于熟悉的人，尤其是在久别重逢时，他们则大多要与对方热情拥抱。在迎接贵宾之时，俄罗斯人通常会向对方献上“面包和盐”。这是给予对方的一种极高的礼遇，来宾必须对其欣然接受。在称呼方面，在正式场合，他们也采用“先生”“小姐”“夫人”之类的称呼。在俄罗斯，人们非常看重人的社会地位。因此对有职务、学衔、军衔的人，最好以其职务、学衔、军衔相称。依照俄罗斯民俗，在用姓名称呼俄罗斯人时，可按彼此之间的不同关系，具体采用不同的方法。只有与初次见面之人打交道时，或是在极为正规的场合，才有必要将俄罗斯人的姓名的三个部分连在一起称呼。

7. 澳大利亚

澳大利亚人见面习惯握手，不过有些女子之间不握手，女性朋友相逢时常亲吻对方的脸。澳大利亚人大都名在前，姓在后。称呼别人时先说姓，再接上“先生”“小姐”或“太太”之类的称呼。熟人之间可称名。

8. 墨西哥

在墨西哥，熟人见面时所采用的见面礼节，主要是拥抱礼与亲吻礼。在上流社会中，男士们往往还会温文尔雅地向女士们行吻手礼。前去赴约时，墨西哥人一般都不习惯于准时到达约会地点。在通常情况下，他们的露面总要比双方事先约定的时间晚上一刻钟到半小时。在他们看来，这是一种待人的礼貌。

9. 阿根廷

阿根廷人在日常交往中所采用的礼仪与欧美其他国家大体上是一致的，并受西班牙影响最大。阿根廷人大都信奉天主教，因此一些宗教礼仪也经常见诸阿根廷人的日常生活。在交际中，普遍采取握手礼。在与交往对象相见时，阿根廷人认为与对方握手的次数是多多益善。在交际场合，对阿根廷人一般均可以“先生”“小姐”或“夫人”相称。

10. 巴西

从民族性格来讲，巴西人在待人接物上所表现出来的特点主要有两方面：一方面，喜欢直来直去，有什么就说什么；另一方面，巴西人在人际交往中大都活泼好动，幽默风趣。目前，巴西人在社交场合通常都以拥抱或者亲吻作为见面礼。只有在十分正式的活动中，他们才相互握手。除此之外，巴西人还有一些独特的见面礼，即握拳礼、贴面礼和沐浴礼。

11. 埃及

握手礼：注意不要用左手。

拥抱礼：应力度适中。

亲吻礼：根据交往对象不同分为吻面礼、吻手礼、飞吻礼。吻面礼，一般用于亲友之间，尤其是女性之间。吻手礼，向尊长表示谢意或是向恩人致谢时使用。飞吻礼，多见于情侣之间。

12. 英国

在英国，人们在演说或别的场合伸出右手的食指和中指，手心向外，构成“V”形手势，表示胜利；如果有人打喷嚏，旁人就会说“上帝保佑你”，以示吉祥。

知识巩固与礼仪训练

一、知识判断

1. 国际交往中视谦虚为美德。（　　）
2. 在商务交往中，名片可有可无，不需要经常带着。（　　）
3. 菲律宾人天性和蔼大方，善于交际。会面礼节是握手。（　　）
4. 要让翻译员站在你和对方之间，说话时要对着翻译员说，而不是对对方说。（　　）
5. 韩国女性大多饮酒，喜欢吃甜食。（　　）
6. 马来人平时进餐时用左手抓食物。（　　）
7. 日本人在公共场所经常穿和服。（　　）
8. 菲律宾人的主食以面食为主，菜品趋向于清淡。（　　）
9. 泰国人不喝热茶和开水，喝果汁习惯加少许盐。（　　）
10. 在墨西哥，熟人见面的礼节主要是拥抱礼和握手礼。（　　）

二、礼仪训练

以小组为单位，演示不同国家的熟人见面礼节。

拓展阅读

出国旅游的礼仪禁忌

1. 欧洲(Europe)

英国——自拍时喜爱比“V”字手势，掌心向着自己则是脏话手势。民众在很多时候都会亲切地称呼陌生人，例如 Love、Mate、Dear、Honey、Sweetheart 等，但其不代表任何爱意。

法国——用餐时，双手要放在桌上，手腕需要休息时也要放在桌上不要放在大腿上。以一手握拳然后以另一手拍上拳头的动作，是极不礼貌的手势。与法国人交谈，可以先以简单法语打招呼再询问对方能否说英语或中文比较恰当。

意大利——短裤在公众场合是不被接纳的，进出教堂时必定要确保肩膀、膝部和腰部都有衣服遮盖。如果服务很好，应给服务员小费。

瑞士——用食指指着自己的头部是侮辱性的手势。与人交谈时不要把手放进口袋里，公共场合不应嚼口香糖或剪指甲。

西班牙——西班牙吃饭通常都很晚，午餐时间一般在下午两点到四点之间，晚餐时间一般在晚上九点到十一点之间。西班牙人的生活节奏相对较慢，因此万事不要催促。

2. 亚洲(Asia)

日本——握拳并将拇指放在食指与中指之间是脏话手势。袜子不要穿有破洞的，因为进入室内一定要脱鞋。准备一两句简单日语，必要时可以用汉字进行简单的沟通。地铁车厢内设静音车厢、女性专用车厢，不能使用手机。

马来西亚——因为大部分居民是伊斯兰教徒，而伊斯兰教是禁止喝酒的，所以尽量不要喝酒。交接东西时谨记用右手，用左手会被视为不敬。

新加坡——在公共场合嚼口香糖、乱丢垃圾和吸烟，都是违法行为。有的公厕都会收费，请备好零钱。

泰国——不要摸别人的头或拨弄别人头发，头部是泰国人认为身体中至高无上的部分。同理，指示时不要用脚，因为脚被认为是身体中地位最低的部分；在庙宇里坐在地上时，脚尖不要指着佛像。所有菜式会一次性上齐，而不会逐碟上。

越南——交接东西时请记住用双手，但手部高度不可高于头部。

3. 北美洲(North America)

加拿大——除了在私人住所或领有牌照的地方，在公共场合喝酒是违法的行为。加拿大人很为自己的国家感到自豪，任何轻视国旗的行为都被视为极度无礼。

美国——竖起中指是脏话手势，伸舌头也被认为是粗鲁不雅的举动。在美国，进入室内不用脱鞋子，因为赤脚被视为野人行为。美国人不用牙签，他们会在浴室以牙线清洁牙缝。

4. 大洋洲(Oceania)

澳大利亚——在入境时不可携带肉类、包装食物、乳制品或新鲜蔬果。在公共场所擤鼻涕是冒失和不当的行为。

新西兰——不要做出自拍时常用的“V”字手势。新西兰的公共交通、酒吧、食肆和大厦都是禁烟的。